図さくいん

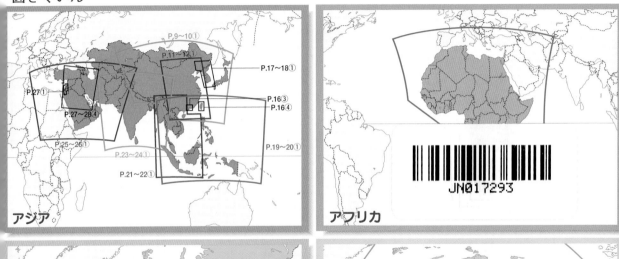

アジア

- P.9〜10①
- P.11〜12①
- P.17〜18①
- P.16③
- P.16④
- P.27①
- P.27〜28④
- P.25〜26①
- P.23〜24①
- P.21〜22①
- P.19〜20①

アフリカ

JN017293

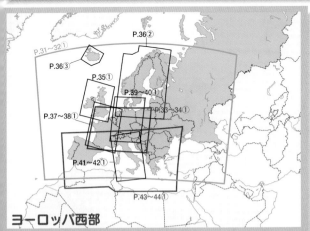

ヨーロッパ西部

- P.31〜32①
- P.36③
- P.36②
- P.35①
- P.39〜40①
- P.33〜34①
- P.37〜38①
- P.41〜42①
- P.43〜44①

ヨーロッパ東部・ユーラシア北部

- P.51〜52①
- P.49〜50①

南北アメリカ

- P.57①
- P.59〜60①
- P.55〜56①
- P.53〜54①
- P.61②
- P.61〜62①
- P.63〜64①

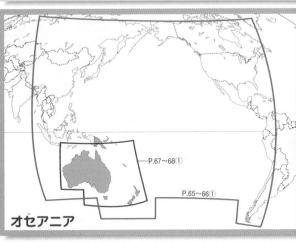

オセアニア

- P.67〜68①
- P.65〜66①

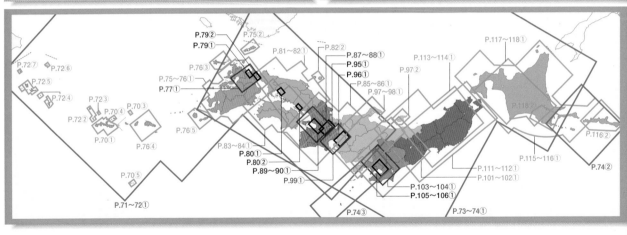

- P.72⑦
- P.72⑥
- P.72⑤
- P.72④
- P.72③
- P.72②
- P.70④
- P.70③
- P.70①
- P.70⑤
- P.71〜72①
- P.76④
- P.76⑤
- P.75〜76①
- P.77①
- P.76③
- P.79②
- P.79①
- P.75②
- P.81〜82①
- P.82②
- P.87〜88①
- P.95①
- P.96①
- P.85〜86①
- P.97〜98①
- P.97②
- P.113〜114①
- P.117〜118①
- P.118②
- P.116②
- P.115〜116①
- P.111〜112①
- P.101〜102①
- P.74②
- P.83〜84①
- P.80①
- P.80②
- P.89〜90①
- P.99①
- P.103〜104①
- P.105〜106①
- P.73〜74①
- P.74③

TVのそばに一冊 ワールドアトラス 世界 日本

地形の記号

世界の記号

市 街 地
ロンドン LONDON　100万人以上の都市
グラスゴー Glasgow　50〜100万人の都市
ボルドー Bordeaux　10〜50万人の都市
ピサ Pisa　10万人未満の都市
リュイシュン（旅順）　都市の一部
首 都
州・省都など
国 界
未確定・係争中の国界
スイス SWITZERLAND
テキサス TEXAS　州・省界など
サハ共和国 SAKHA　共 和 国 界 自治共和国界
ネネツ自治管区 Nenets　自 治 管 区 界 自 治 州 界

西サハラ WESTERN SAHARA　非 独 立 国
日 付 変 更 線
鉄 道
建設中の鉄道
主 要 道 路
道 路
ニューヨーク←6062→ロンドン　距離（km）航 路
主 要 空 港
港
城 壁
史 跡 歴史的に重要な地名
名 勝
峠
特殊建造物・その他の重要な地点

世 界 文 化 遺 産
世 界 自 然 遺 産
世 界 複 合 遺 産
ラムサール条約登録湿地

領 土 記 号
〔ア〕 アメリカ合衆国
〔イ〕 イ ギ リ ス
〔オ〕 オ ラ ン ダ
〔オー〕 オーストラリア
〔ス〕 ス ペ イ ン
〔デ〕 デ ン マ ー ク
〔ニュー〕 ニュージーランド
〔ノ〕 ノ ル ウ ェ ー
〔フ〕 フ ラ ン ス
〔ポ〕 ポ ル ト ガ ル
〔南ア〕 南アフリカ共和国

日本の記号

100 万人以上の市
50 〜 100 万人の市
20 〜 50 万人の市
10 〜 20 万人の市
10 万人未満の市
町
村
字・旧市町村
都道府県庁所在地
北海道の振興局所在地
市 街 地
国 界
都 道 府 県 界
北海道の振興局界
都・府・県庁（50万分の1のみ）
えき トンネル 未開通 JR新幹線
えき トンネル 未開通 新幹線以外のJR線
えき トンネル 未開通 JR以外の私鉄
トンネル 地 下 鉄
インターチェンジ トンネル 未開通 高 速 道 路 おもな有料道路・自動車専用道路
峠 トンネル 未開通 おもな道路
289 国道番号 未開通
航 路
商 港
漁 港
国際便・国内便ともにある空港
その他の空港
灯 台
橋
水力発電所
火力発電所

地 熱 発 電 所
原 子 力 発 電 所
ダ ム
用 水 路・運 河
鉱 山
閉 山 し た 鉱 山
炭 田
油 田
ガ ス 田
特 殊 建 造 物
その他の重要な地点
世 界 文 化 遺 産
世 界 自 然 遺 産
おもなラムサール条約登録湿地
神 社
寺 院
城 跡
史 跡
名 勝
天 然 記 念 物

農林水産業・工業の記号
かぼちゃ　きゅうり　さつまいも
しいたけ　じゃがいも　だいこん
たまねぎ　トマト　な す
にんじん　ねぎ　はくさい
ピーマン　いちご　く り
さくらんぼ　すいか　ぶどう
みかん　メロン　も も
りんご　肉 牛　乳 牛
にわとり　ぶ た　か き

ほたて貝　木 材
自動車　製 鉄　テレビ
造 船　鉄 鋼　コンピュータ
集積回路　医薬品

行政区分図の記号
都 道 府 県 庁
市 役 所
町・村役場、区役所
都 道 府 県 界
市 町 村 界
区 界
えき トンネル JR新幹線
えき トンネル 新幹線以外のJR線
えき トンネル JR以外の私鉄
地 下 鉄
ロープウェイ・ゴンドラ

都市図の記号
都 道 府 県 庁
市 役 所
区 役 所
都 道 府 県 界
市 郡 界
町 村 区 界
えき トンネル JR新幹線
地上 えき トンネル 地 下 鉄
高速自動車道・有料道路
一 般 国 道
高 等 学 校
陵 墓
史跡・名勝・天然記念物

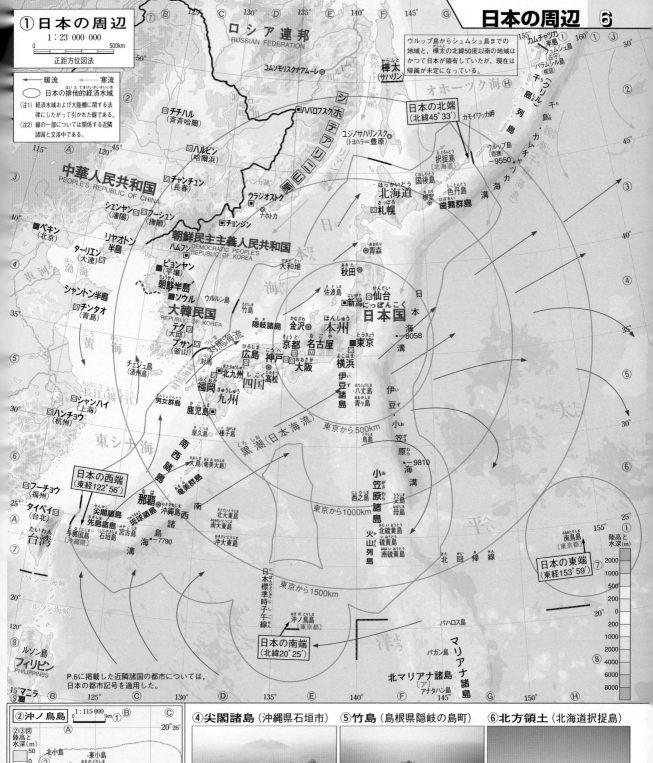

① 日本の周辺
1:23 000 000
0　　　　500km
正距方位図法

→ 暖流
→ 寒流
◯ 日本の排他的経済水域
(注1) 経済水域および大陸棚に関する法律にしたがって引かれた線である。
(注2) 線の一部については関係する近隣諸国と交渉中である。

ロシア連邦
RUSSIAN FEDERATION

中華人民共和国
PEOPLE'S REPUBLIC OF CHINA

朝鮮民主主義人民共和国
DEMOCRATIC PEOPLE'S REPUBLIC OF KOREA

大韓民国
REPUBLIC OF KOREA

コムソモリスクナアムーレ◎
ハバロフスク◎
ユジノサハリンスク◎
(トヨハラ＝豊原)
チチハル◎
ハルビン（哈爾浜）◎
チャンチュン（長春）◎
シェンヤン（瀋陽）◎　フーシュン（撫順）◎
チョンジン◎
ウラジオストク□
ナホトカ◎
ペキン（北京）□
ターリエン（大連）□
リャオトン半島
シャントン半島
チンタオ（青島）□
ハムフン◎
ピョンヤン（平壌）□
朝鮮半島
ソウル□
テグ（大邱）◎
プサン（釜山）□
チェジュ島（済州島）
シャンハイ（上海）□
ハンチョウ（杭州）□
フーチョウ（福州）□
タイペイ（台北）□
台湾
フィリピン PHILIPPINES
マニラ◎

樺太（サハリン）
オホーツク海
カムチャツカ半島
シュムシュ島（占守）
パラムシル島（幌筵）
ウルップ島（得撫）−9550
択捉島
北海道
札幌◎
国後島
色丹島
歯舞群島
根室◎
青森◎
秋田◎
仙台◎
新潟□
佐渡島
金沢◎
京都◎　名古屋◎
広島□　神戸◎　大阪◎
北九州□　高松◎
四国
福岡□
九州
鹿児島◎
屋久島
種子島
本州
東京□
横浜□
伊豆諸島
八丈島
青ヶ島
伊豆・小笠原海溝
−9810
小笠原諸島
西之島
父島
母島
火山列島
北硫黄島
硫黄島
南硫黄島
南鳥島（東京都）

日本の北端（北緯45°33′）
カモイワッカ岬
日本の西端（東経122°56′）
尖閣諸島
先島諸島
与那国島
石垣島
宮古島
那覇◎
沖縄島
南西諸島
琉球諸島
奄美群島
大島（奄美大島）
男女群島
−7790
日本の東端（東経153°59′）
日本の南端（北緯20°25′）
沖ノ鳥島（東京都）

ウルップ島からシュムシュ島までの地域と，樺太の北緯50度以南の地域はかつて日本が領有していたが，現在は帰属が未定になっている。

東京から500km
東京から1000km
東京から1500km
北回帰線
日本標準時子午線

北マリアナ諸島
アナタハン島
パガン島
パハロス島
マリアナ諸島

日本海
大和堆
−8058
日本海溝
対馬海流
黒潮（日本海流）
千島海流
カムチャツカ海流
東シナ海
黄海
渤海
黄河
長江（揚子江）
太平洋

ルソン海峡
バシー海峡
ルソン島

P.6に掲載した近隣諸国の都市については，日本の都市記号を適用した。

陸高と水深(m)
2000
1000
500
200
0
200
200
4000
6000
8000

② 沖ノ鳥島　1:115 000
②③図 陸高と水深(m)
50
0
100
北小島
東小島
沖ノ鳥島（小笠原村）
観測所基盤
観測施設

③ 南鳥島　1:115 000
南鳥島（小笠原村）
電波標識局
気象観測所

沖ノ鳥島は満潮時の水没を防ぐために護岸工事を行い，排他的経済水域を確保している。南鳥島には気象庁や海上自衛隊などの施設がある。

④尖閣諸島（沖縄県石垣市）

1895年に日本に編入されたが，付近の海底に大量の石油埋蔵の可能性が出た頃から中国や台湾が領有権を主張し始めた。2012年，日本政府は国有化を決定。

⑤竹島（島根県隠岐の島町）

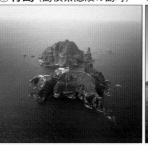

竹島は1905年に日本（島根県）に編入。二つの島と周辺の岩礁からなる。第二次世界大戦後，韓国が領有を宣言，現在も不法占拠を続けている。

⑥北方領土（北海道択捉島）

北海道にある国後，択捉，色丹の三島および歯舞群島からなる日本固有の領土。第二次世界大戦後，ソ連の占領下に置かれ，現在もロシアが不法占拠している。

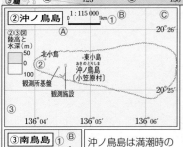

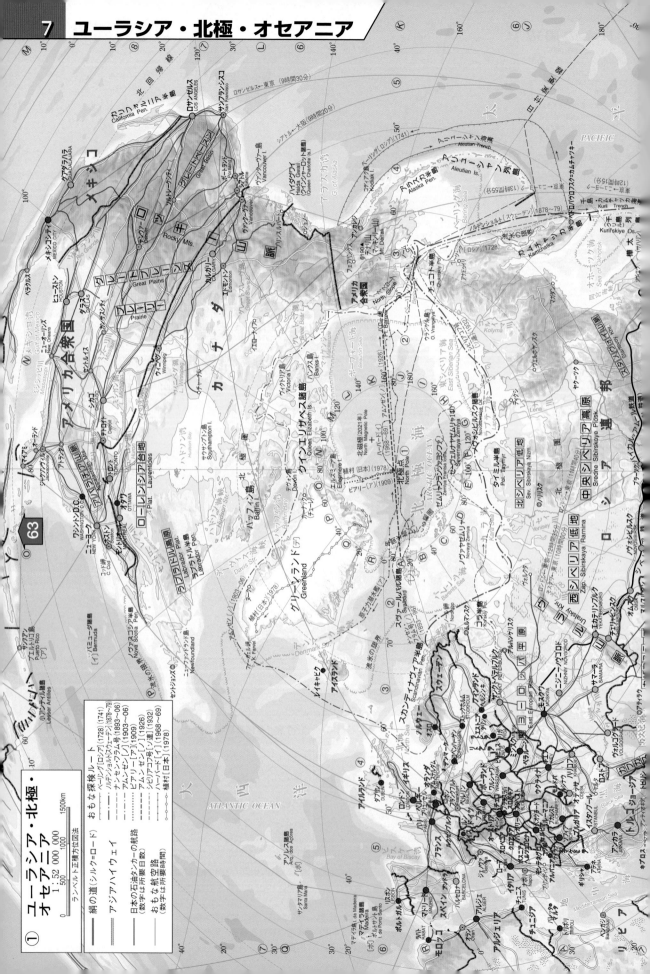

① ユーラシア・北極・オセアニア
1:52 000 000
0 500 1000 1500km
ランベルト正積方位図法

おもな探検ルート
―― 絹の道（シルクロード）
―― アジアハイウェイ
――― 日本の石油タンカーの航路
（数字は所要日数）
――― おもな航空路
（数字は所要時間）

―― ベーリング［ロシア］(1728)
――― ハドソン［スウェーデン］(1878～79)
――― ナンセン［ノ］号(1893～06)
‥‥‥‥ ナンセン［ノ］(1903～06)
‥‥‥ ピアリー［ア］(1909)
――― アムンゼン［ノ］(1926)
―――― シビリアコフ号［ソ連］(1932)
――― ハーバー［日本］(1978)

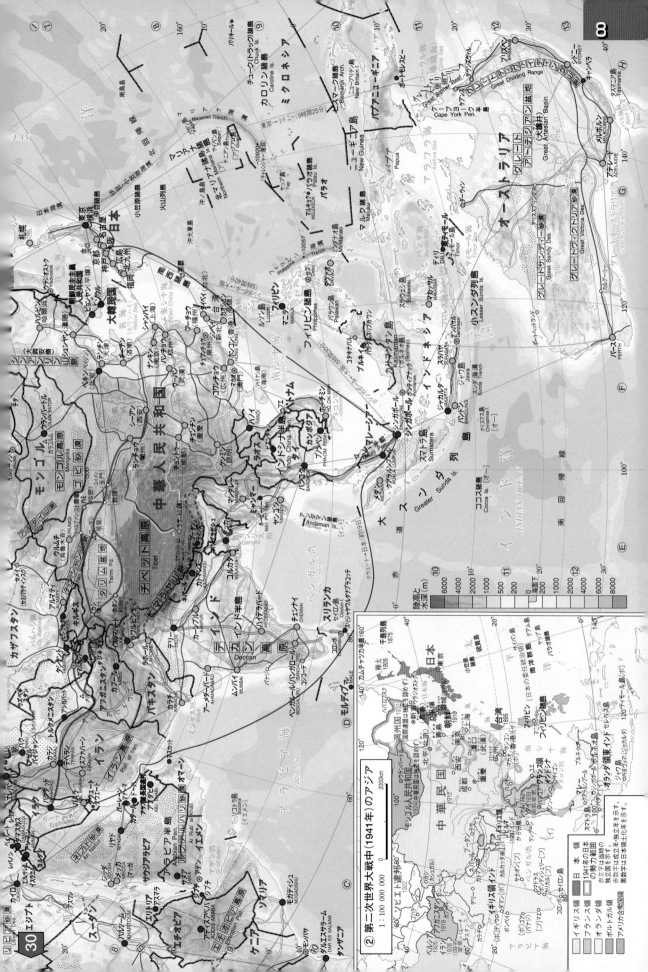

① 東アジア
1:16 000 000
0 200 400km
正距円錐図法

② 中国の行政区分
1:60 000 000
0 1000km

①ホーペイ（河北省）
②シャンシー（山西省）
③リヤオニン（遼寧省）
④チーリン（吉林省）
⑤ヘイロンチヤン（黒竜江省）
⑥シャンシー（陝西省）
⑦カンスー（甘粛省）
⑧チンハイ（青海省）
⑨シャントン（山東省）
⑩チヤンスー（江蘇省）
⑪チョーチヤン（浙江省）
⑫アンホイ（安徽省）
⑬チヤンシー（江西省）
⑭フーチエン（福建省）
⑮ホーナン（河南省）
⑯フーペイ（湖北省）
⑰フーナン（湖南省）
⑱コワントン（広東省）
⑲スーチョワン（四川省）
⑳コイチョウ（貴州省）
㉑ユンナン（雲南省）
㉒ハイナン（海南省）
㉓内モンゴル（内蒙古）自治区

㉔ニンシヤ（寧夏）回族自治区
㉕シンチヤンウイグル（新疆維吾爾）自治区
㉖コワンシー（広西）壮族自治区
㉗チベット（西蔵）自治区

● 直轄市　　◎ 特別行政区

ロシア連邦
RUSSIAN FEDERATION

日本海
Japan Sea

朝鮮民主主義人民共和国
DEMOCRATIC PEOPLE'S REPUBLIC OF KOREA

中華人民共和国
PEOPLE'S REPUBLIC OF CHINA

朝鮮
韓国

① 朝 鮮 半 島
1:3 500 000
正距円錐図法
0   50   100km

② ピョンヤン
1:120 000
0   2km

③ パンムンジョム(板門店)周辺
1:100 000
0   10km

市街地
特別市・広域市・
道の境界

①東南アジア・西太平洋
1：18 000 000
0 100 200 300 400 500km
ランベルト正積方位図法

南西諸島　沖縄本島　那覇　南西諸島　琉球海　日本国　南
北大東島　南大東島　沖大東島（ラサ島）　宮古島　-7790 溝

小笠原諸島

火山列島　北硫黄島　硫黄島　南硫黄島

北回帰線

横浜・神戸

沖ノ鳥島

バハロス島
マウグ島
アスンシオン島
アグリハン島
パガン島
マ　リ　ア　ナ　諸　島
アラマガン島
ググアン島
北マリアナ諸島
Northern Mariana Is. 〔ア〕　Mariana Is.
サリガン島
アナタハン島
メディニリャ島
サイパン島 Saipan
テニアン島 Tinian
ロタ島 Rota
ハガッニャ ⊕グアム島 Guam
Hagatña 〔ア〕

サンフランシスコ

ミクロネシア
MICRONESIA

太　平

PACIFIC OCEAN

洋

-10920
（チャレンジャー海淵）

ンドゥアネス島
Induanes I.
aspi
サマル島 Samar
カバロガン
Catbalogan
ビサヤ諸島 Visaya Is.
タクロバン
2 Tacloban
レイテ島 Leyte
スリガオ　-10057
Sirigao
ブトゥアン
Butuan
カガヤンデオロ
Cagayan de Oro
ミンダナオ
Mindanao
ダバオ
DAVAO
38A マチ Mati
ダトゥ・ピアン Datu Piang
ジェネラルサントス
General Santos

フィリピン海溝
Philippine Trench

ウリティ島
Ulithi
ファイス島
Fais
ヤップ島
Yap
ヌグール島
Ngulu
ソロール島
Sorol
ファーラウレップ島
Faraulep
ウォーレアイ島
Woleai
イファリク島
Ifalik
オリピック島
Eauripik

ガーフェルート島
Gaferut

ウールール島
Ulul
ブラップ島
Pulap
プルワット島
Puluwat
チューク（トラック）諸島
Chuuk Is.
ピガイロエ島
Pigailoe
ラモトレク島
Lamotrek

パラオ共和国
REPUBLIC OF PALAU
パラオ諸島
Palau Is.
南ラグーンのロックアイランド群
マルキョク
MELEKEOK
ペリリュー島
Peleliu Is.
アンガウル島
Angaur
ババルトゥアプ島
Babelthuap Is.

カ　ロ　リ　ン　諸　島
Caroline Is.

ミクロネシア連邦
FEDERATED STATES OF MICRONESIA

タラウド諸島
Kep.Talaud
タフカロ サンギヘ島
Pu.Sangihe
サンギヘ諸島
Kep.Sangihe
マナド
Manado
トンダノ
Tondano
テルナテ島
Ternate

ソンソロール島
Sonsorol
プーロ・アーナ島
Pulo Anna
メリル島
Merir
ソンソロール諸島
Sonsorol Is.

トービー島
Tobi
ヘレン島
Helen

モロタイ島
Pu.Morotai
トベロ
Tobelo
ハルマヘラ島
Halmahera

マルク（モルッカ）諸島
Maluku（Moluccas）
スラ諸島
Kep.Sula
サナナ
Sanana
ブル島
Pu.Buru
アンボン
Ambon
セラム島
Seram
バンダ諸島
Kep.Banda

マルク（モルッカ）海
Moluccas Sea
ワイゲオ島
Pu.Waigeo
ソロン
Sorong
ミソール島
Pu.Misool
ファークファーク
Fakfak
カイマナ
Kaimana

スカウテン諸島
Kep.Schouten
ビアク島
Biak
マノクワリ
Manokwari
ヤペン島 Pu.Yapen
セルイ
Serui
サルミ
Sarmi

メラネシア
MELANESIA

ニーニゴー諸島
Ninigo Is.

マヌス島
Manus I.
ローレンガウ
Lorengau
ビスマーク諸島
Bismarck Arch.
アドミラリティー諸島
Admiralty Is.
ケヴィエン
Kavieng
ニューアイルランド島
New Ireland
ナマタナイ
Namatanai

ムーサウ島
Mussau

ジャヤプラ（スカルナプラ）
Jayapura
アイタペ
Aitape
ウェワク
Wewak
ボギア
Bogia

ビスマーク海
Bismarck Sea

ラバウル
Rabaul
ウラウン山
Mt.Ulawun 2334
キンベ
Kimbe
ニューブリテン島
New Britain
カンドリアン
Kandrian

マオケ山脈
Peg.Maoke
4884 ジャヤ峰
Pk.Jaya
ロレンツ国立公園
ティムカ
Timuca
パプア
Papua
マンダラ峰 4700
Pk.Mandala
ライアガム
Laiagam
ギルウェ山 4088
Mt.Giluwe
メンディ
Mendi
ハゲリ山
Mount Hageri 4508
ヴィルヘルム山
Mt.Wilhelm
マダン
Madang
タラセーア
Talasea
フィンシュハーフェン
Finschhafen
ラエ
Lae

パプアニューギニア独立国
INDEPENDENT STATE OF PAPUA NEW GUINEA

ニューギニア島
New Guinea
（イリアンバラット）
IRIAN BARAT

アル諸島
Kep.Aru
トゥアル
Tual
ドボ
Dobo
ワイグア
Waigua

カイ諸島
Kep.Kai

ビティンハーフェン
Bulolo
ブロロ
ウワウ
Wau

キコリ
Kikori
ケレマ
Kerema

ブーゲンヴィル
カリマ
Karima
ビクトリア山
Mt.Victoria

ダントロカストゥー諸島
D'Entrecasteaux Is.
ファーガソン島
Fergusson I.
アロタウ
Alotau
サマライ
Samarai
タグラ島
Tagula

ヤームデナ島
Pu.Yamdena
ロマング島
Pu.Romang
ババル島
Pu.Babar
サウムラキ
Saumlaki
タニンバル諸島
Kep.Tanimbar

ドラック島
Pu.Dolak
ムラウケ
Merauke

ダル
Daru

ポートモレスビー
PORT MORESBY
48

パプア湾
G.of Papua

コ　ー　ラ　ル　海
Coral Sea

ウェタール島
Pu.Wetar
ディリ
DILI
バウカウ
Baukau

東ティモール民主共和国
DEMOCRATIC REPUBLIC OF TIMOR-LESTE
ティモール島
Timor

ティモール海
Timor Sea

インドネシア共和国
INDONESIA

アラフラ海
Arafura Sea

トレス海峡
Torres Strait
モア島 Moa I.
サーズデイ（木曜）島 Thursday I.
プリンスオブウェールズ島
Prince of Wales I.
ヨーク岬 C.York
ケープヨーク半島
Cape York Pen.
ウェイパ Weipa
アイアンレンジ
Iron Range

ウェッセル諸島
Wessel Is.
オーストラリア連邦
COMMONWEALTH OF AUSTRALIA

バサースト島
Bathurst I.
メルビル島
Melville I.
ダーウィン
Darwin
アーネムランド半島
Arnhem Land
アーネム岬
C.Arnhem

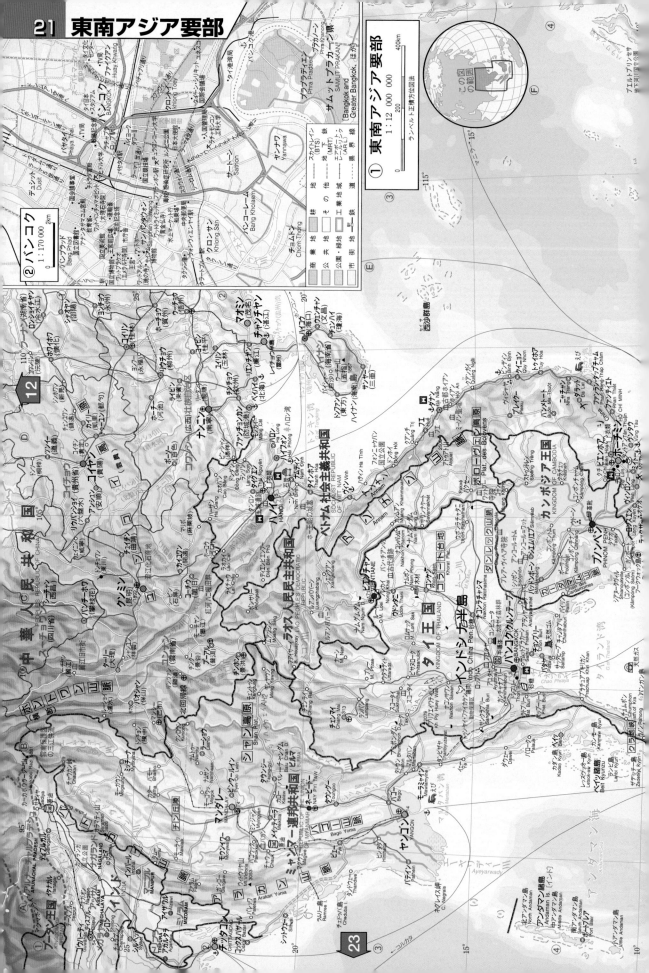

① 東南アジア要部
1:12 000 000
ランベルト正積方位図法

② バンコク
1:170 000

③ バンコク周辺
Bangkok and
Greater Bangkok, 他2
[Bangkok and
Greater Bangkok]
サムットプラカーン県
Samut Prakan
プラチューブキーリーカン県
Pha Pradaet Prakan
SAMUT PRAKANI

中華人民共和国
PEOPLE'S REPUBLIC OF CHINA

ベトナム社会主義共和国
SOCIALIST REPUBLIC
OF VIET NAM

ラオス人民民主共和国
LAO PEOPLE'S DEMOCRATIC
REPUBLIC

タイ王国
KINGDOM OF THAILAND

カンボジア王国
KINGDOM OF CAMBODIA

ミャンマー連邦共和国
THE UNION OF MYANMAR

ハノイ
HANOI

ビエンチャン
VIENTIANE

バンコク
BANGKOK

プノンペン
PHNOM PENH

ヤンゴン
YANGON

ネーピードー
NAY PYI TAW

インドシナ半島
Indo China Pen.

シャン高原
Shan Plat.

ボーローヴェン高原
Plat. des Bolovens

チン丘陵
Chin Hills

アラカン山脈
Arakan Yoma

バゴー山脈
Bago Yoma

タイランド湾
G. of Thailand

アンダマン海
Andaman Sea

トンキン湾
Tonghin

ベンガル湾

アンダマン諸島
Andaman Is. (インド)

北アンダマン島
North Andaman

中アンダマン島
Middle Andaman

南アンダマン島
South Andaman

アラビア正積方位図法

インド
INDIA

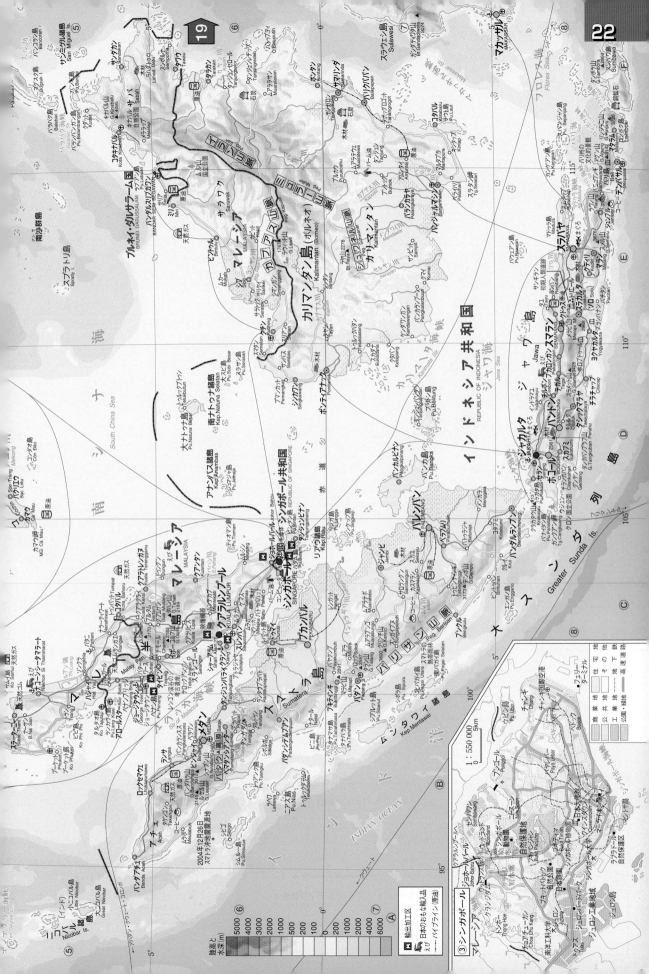

① 西アジア
1:15 000 000
0 100 200 300km
ランベルト正積方位図法

日本のおもな輸入品
国 原油
井 油田
―― パイプライン（原油）

陸高と
水深(m)
5000
4000
3000
2000
1000
500
200
0
海面下
200
1000
2000
3000
4000

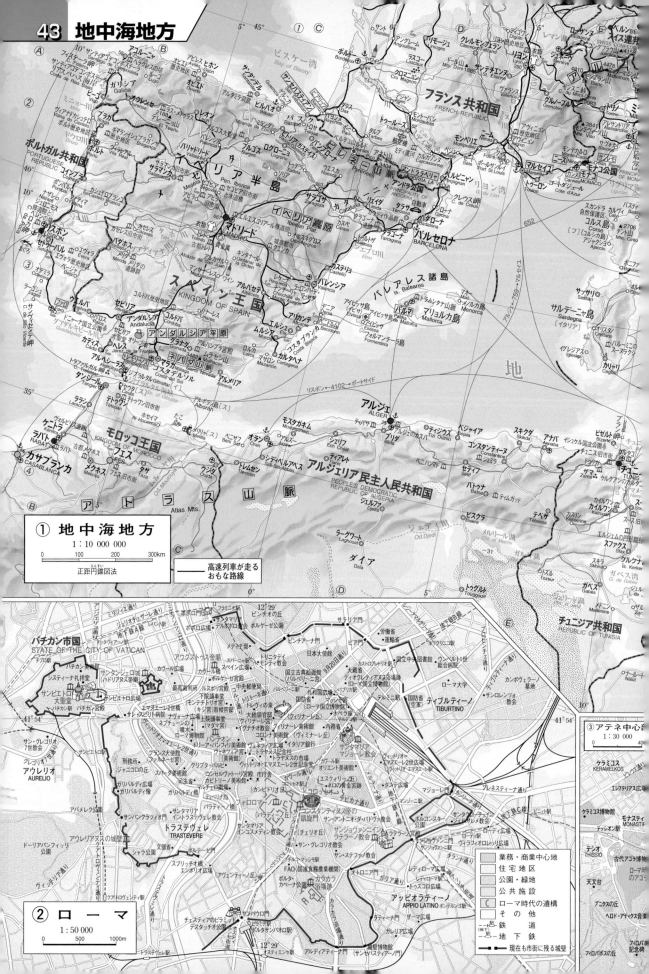

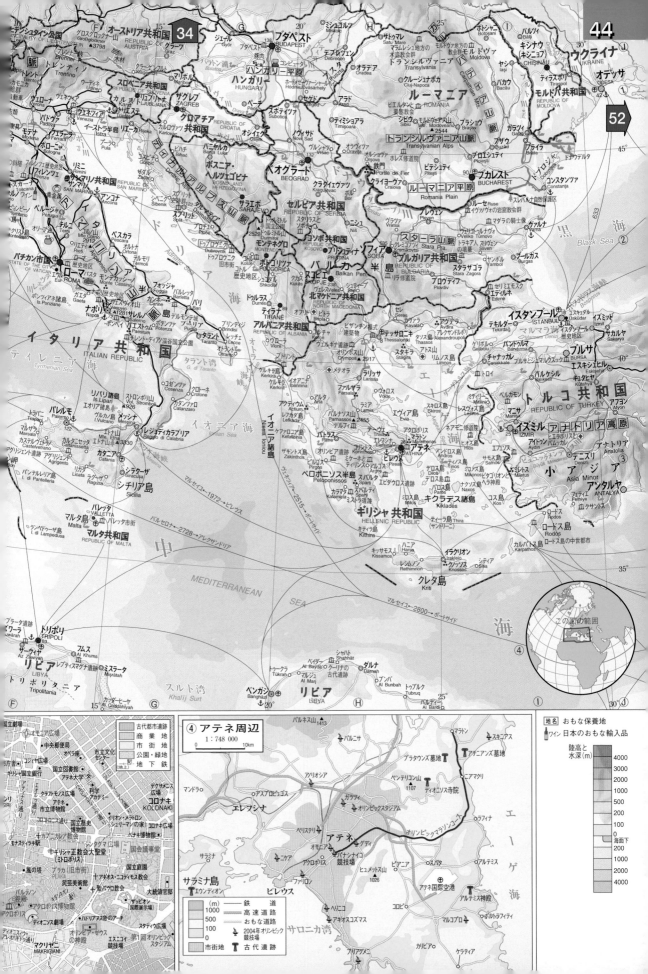

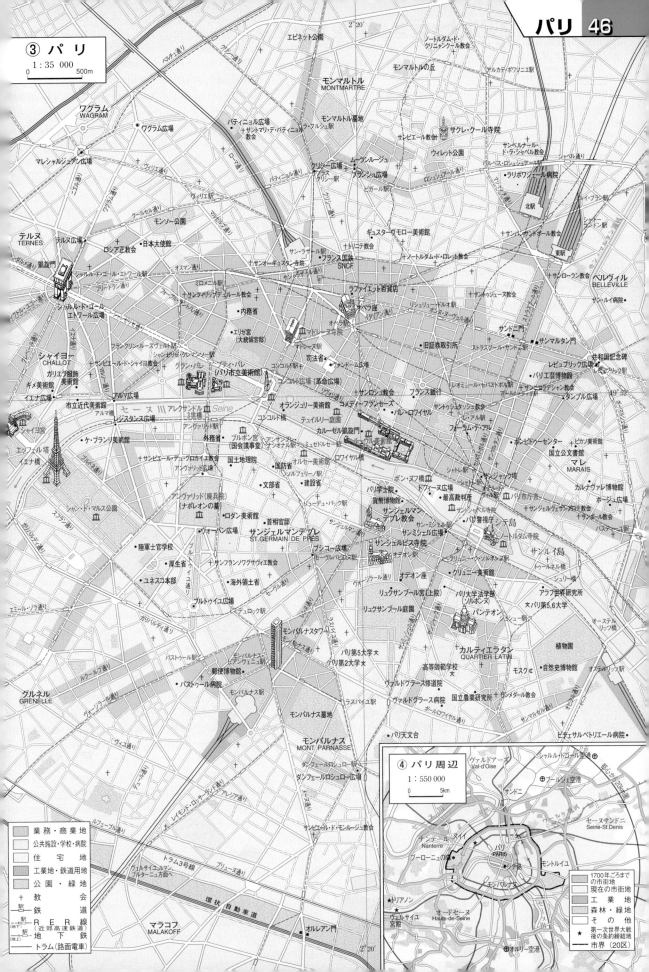

① フランクフルト

1:24 000

0 ── 500m

凡例:
- 市 街
- 公共施設
- 工業・鉄道用地
- 公園・緑地
- ── 駅　メトロ（地下鉄）
- ── トラム（路面電車）

見本市会堂
メッセ塔
フェストハレ駅
タワー185
セントマテウス教会 ✝
ギュター通り
マインツァー街道
ハーフェン 通り
グトロイト通り
ケネディ橋
観光案内所
中央駅
マンハイマー通り
ミュンヒナー通り
バイス フラウエン教会 ✝
フランクフルト歌劇場
ユダヤ博物館
ウンターマインカイ通り
ホルバイン小路
フリーデンス橋
シュタウフェン通り
ユダヤ教会
ヴェストエント駅
ヴェステント広場
聖アントニウス教会 ✝
タウヌスアンラーゲ駅
ベートーベン像
タウヌスアンラーゲ公園
ハイネ像
ジャパン・センター
ユーロタワー
シラー像
ゲーテ像
カイザー通り
コメルツ銀行タワー
ヴィリー・ブラント広場駅
ゲーテハウス（ゲーテ博物館）
カルメル修道院
ドイツ映画博物館
世界文化博物館
ショテデル美術館
ギュルシュ博物館
ガルテン通り
シュヴァイツァー・プラッツ駅
シュヴァイツァー広場
ヴァルダー・コルヌ通り

ロスチャイルド公園
旧オペラ座
ゲーテ大学 文
ホルツハウゼンシュトラーセ駅
ホルツハウゼン公園
グリューネブルクヴェーク駅
アドラーフリー広場
モーツァルト広場
エッシェンハイマートール駅
証券取引所
十ペーター教会
市庁舎
レーマー広場
歴史博物館
聖ニコライ教会
カイザードーム（大聖堂）
ノミの市
アイゼルナー小路
手工芸博物館
アルテ橋
イグナッツビス橋

ニーベルンゲンアレー
ドイチェビブリオテーク駅
中央墓地
ドイツ国立図書館
市民病院
セントマリーエン病院
ニーベルゲン広場
ローバハ小通り
ゲルマニア通り
フリートベルガー広場
ロスチャイルド通り
警察本部
裁判所
ベートマン公園
ザント通り
ベルガー通り
マリアンプラッツ駅
モダンアート美術館
ヴィッテルス バッハ通り
アルフレッド ブルーム広場
ショーペンハウアー記念像
オステント シュトラーセ駅
ツムハイリゲンガイスト病院
ゾンネマン通り
動物園
ハブスブルガーアレー駅
東駅

② デュッセルドルフ

1:30 000

0 ── 500m

凡例:
- 市 街 地
- 公共施設
- 工業・鉄道用地
- 公園・緑地
- その他
- ── 駅　メトロ（地下鉄）
- ── トラム（路面電車）

ニーダーカッセル
NIEDERKASSEL
ライン川
ライン公園
ケネディダム駅
クレヴァー通り
コルピング広場
ユリッヒャー通り
サンクト ヴィンツェンツ病院
グルナー通り
アイススタジアム
デュッセルタル
DÜSSELTAL
ペンペルフォルト
PEMPELPORT
ヴィクトリアプラッツ
クレヴァーシュトラーセ駅
マリエン病院
ノルトシュトラーセ通り
デュッセルドルフ通り
D.ツォー駅
シラー広場
ハニエル公園
クンストパラスト美術館
州立文化経済フォーラム
十ローフス教会
トーンハレ
ホーフ ガルテン
イエーガーホフ城（ゲーテ博物館）
レーテル通り
グラーフェンベルガー通り
フリンゲルン・ノルト
FLINGERN NORD
ヘル 通り
オーバーカッセラー橋
トンハレ/エレンン丘駅
国立芸術アカデミー
イエーガーホーフ通り
劇場美術館
市立劇場
アム・ヴェーハーン通り
D.ヴェーハーン駅
ヘルマン広場
ビルケン通り
ドロテーン広場
バルバロッサプラッツ駅
ルエグ プラッツ駅
ルエグ通り
デュッセルドルファー通り
聖ランベルトゥス教会 ✝
裁判所
旧市街
ALTSTADT
州立美術館
オペラハウス
H.ハイネアレー駅
アム・ヴェーハーン通り
聖マリエン教会
D.フリンゲルン駅
フリンゲルン・ズート
FLINGERN SÜD
ケトヴィガー通り
市庁舎
マルクト広場
ハイネの家
ヘティエンス博物館
映画博物館
H.ハイネ・インスティテュート
市立美術館
カールシュタット
KARLSTADT
州議会
ラインタワー
市立港
警察署
K21州立美術館
旧州議会
ウンタービルク
UNTERBILK
ヨハニス教会
マルティンルター広場
法務省
ベルガー広場
シュタインシュトラーセ
ケーニヒスアレー駅
証券取引所
福祉センター
中央郵便局
K.アデナウアー広場
ビュルガー公園
市立中央図書館
ケトヴィガーシュトラーセ駅
エルクラート通り
リーレンフェルト
LIERENFELD
ロンスドルファー シュトラーセ駅
シュトレーゼマン広場
シャドー通り
中央駅
グラーフ・アドルフ通り
E.ロイター広場
ミントロプ広場
フリードリヒシュタット
FRIEDRICHSTADT
オーベルビルク
OBERBILK
リーレンフェルト ベトリーフスホーフ駅
オーベルビルカー マルクト駅
エレールシュトラーセ駅
レッシング広場

③ ベルリン
1：49 000

業務・商業地	公共施設	住宅地	━━━ 鉄道
工業・鉄道用地	公園・緑地	その他	━━━ 地下鉄

④ ブリュッセル
1：30 000

1000m

⑤ アムステルダム
1：24 000

500m

市　街　地
公共施設
工業・鉄道用地
公園・緑地
鉄　　道
メトロ（地下鉄）
プレメトロ
トラム（路面電車）

市　街　地
公共施設
工業・鉄道用地
公園・緑地
鉄　　道
メトロ（地下鉄）
トラム（路面電車）

① ユーラシア北部
1：25 000 000

心射円筒図法（斜軸法）

② ロシア連邦と周辺の国々
1：110 000 000

① 北アメリカ
1:30 000 000
ランベルト正積方位図法
0 300 600 900km

〔1図の①～⑧の州名〕
① ヴァーモント　② ニューハンプシャー
③ マサチューセッツ　④ ロードアイランド
⑤ コネティカット　⑥ ニュージャージー
⑦ デラウェア　⑧ メリーランド

② アメリカ合衆国領土の変遷と行政区分　1:66 000 000

0　　　　　1000km

| 合併 1846年 | フランスより購入 1803年 | イギリスより割譲 1818年 | イギリスより割譲 1783年 | イギリスより割譲 1842年 |

ワシントン
オレゴン
アイダホ
カリフォルニア
ネヴァダ
ユタ
アリゾナ
モンタナ
ワイオミング
コロラド
ニューメキシコ
ノースダコタ
サウスダコタ
ネブラスカ
カンザス
オクラホマ
テキサス
ミネソタ
アイオワ
ミズーリ
アーカンソー
ルイジアナ
ウィスコンシン
イリノイ
インディアナ
オハイオ
ケンタッキー
テネシー
ミシシッピ
アラバマ
ミシガン
ヴァージニア
ノースカロライナ
サウスカロライナ
ジョージア
フロリダ
インディアナ
ヴァーモント
ニューハンプシャー
マサチューセッツ
ロードアイランド
コネティカット
ニューヨーク
ペンシルヴェニア
ニュージャージー
デラウェア
メリーランド

13植民地 1776年独立

メキシコより割譲 1848年
メキシコより割譲 1845年
併合 1845年
スペインより割譲 1819年

〔アラスカ〕1867年ロシアより購入
〔ハワイ〕1898年合併　1853年

〔主な地名〕ラブラドル高原 Labrador Plat. ニューファンドランド島 Newfoundland ニューファンドランド ラブラドル NEWFOUNDLAND AND LABRADOR ジェームズ湾 James Bay フォートジョージ プリンスエドワードアイランド PRINCE EDWARD ISLAND ノヴァスコシア NOVA SCOTIA ニューブランズウィック NEW BRUNSWICK セントローレンス湾 G.of St. Lawrence ケベック QUÉBEC モントリオール MONTREAL オタワ OTTAWA オンタリオ ONTARIO スペリオル湖 L.Superior ヒューロン湖 ミシガン MICHIGAN ウィスコンシン WISCONSIN トロント TORONTO ニューヨーク NEW YORK ボストン Boston コッド岬 C.Cod ロングアイランド島 Long Island ペンシルヴェニア PENNSYLVANIA フィラデルフィア PHILADELPHIA オハイオ OHIO インディアナ INDIANA ウェストヴァージニア WEST VIRGINIA ヴァージニア VIRGINIA ワシントンD.C. WASHINGTON D.C. ケンタッキー KENTUCKY テネシー TENNESSEE ノースカロライナ NORTH CAROLINA サウスカロライナ SOUTH CAROLINA ジョージア GEORGIA アラバマ ALABAMA ミシシッピ MISSISSIPPI フロリダ FLORIDA ニューオーリンズ New Orleans メキシコ湾 Gulf of Mexico ユカタン半島 Yucatan Pen. マイアミ バハマ国 COMMONWEALTH OF THE BAHAMAS ナッソー NASSAU キューバ共和国 REPUBLIC OF CUBA ハバナ HAVANA イスパニョーラ島 ドミニカ共和国 DOMINICAN REPUBLIC サントドミンゴ SANTO DOMINGO ハイチ共和国 REPUBLIC OF HAITI ポルトプランス PORT-AU-PRINCE ジャマイカ JAMAICA キングストン KINGSTON プエルトリコ島 Puerto Rico カリブ海 Caribbean Sea 西インド諸島 West Indies 大西洋 ATLANTIC OCEAN

北回帰線

同緯度の日本
同縮尺の日本

② ニューヨーク　1:47 000

③ ニューヨーク周辺　1:550 000

④ ワシントンD.C.　1:54 000

① ポリネシア
POLYNESIA

パプアニューギニア独立国
INDEPENDENT STATE OF
PAPUA NEW GUINEA

ソロモン諸島
SOLOMON ISLANDS

ポートモレスビー
PORT MORESBY

ルイジアード諸島
Louisiade Arch.

サンタクルーズ諸島
Santa Cruz Is.

②

コーラル海
(珊瑚海)
Coral Sea

メラネシア
MELANESIA

トレス諸島
Torres Is.

バンクス諸島
Banks Is.

サンタマリア島
Santa Maria I.

③ 太

平

洋
PACIFIC OCEAN

ニューヘブリディーズ諸島
New Hebrides

バヌアツ共和国
REPUBLIC OF
VANUATU

エスピリツサント島
Espiritu Santo

マレクラ島
Malakula

エピ島
Epi

首長ロイマタの地
ポートビラ
PORT VILA

エファテ島
Efate

エロマンガ島
Erromanga

ケアンズ
Cairns

タウンズビル
Townsville

グレートバリアリーフ
Great Barrier Reef

チェスターフィールド諸島
Is. Chesterfield

タナ島
Tanna

ロワイヨーテ諸島

ウベア島
Ouvéa

リフ島
Lifou

マレ島
Maré

④ 南回帰線

ニューカレドニア島
(ヌーヴェル・カルドニー島)
New Caledonia I.
(Nouvelle Calédonie)

ヌーメア
Nouméa

ボウエン
Bowen

ノーサンバーランド諸島
Northumberland Is.

ロックハンプトン
Rockhampton

グラッドストン
Gladstone

ハービー湾
サンディー岬
Sandy C.

フレーザー島
Fraser I.

マリーバラ
Maryborough

⑤ 陸高と
水深(m)

3000

2000

1000

500

200

海面下
200

2000

4000

6000

ブリズベン
Brisbane

ゴールドコースト
Gold Coast

バイロン岬
C. Byron

ノーフォーク島(オー)
Norfolk I.

⑥ N

グレートディヴァイディング山脈

ニューカッスル
Newcastle

ポートマッコーリー
Port Macquarie

ロードハウ諸島
Lord Howe I.

⑦

シドニー
SYDNEY

ウーロンゴン
Wollongong

ポートケンブラ
Port Kembla

スリーキングズ諸島
Three Kings Is.

キャンベラ
CANBERRA
[首都特別地区]

同緯度同縮尺の日本
(南半球において)

オークランド
AUCKLAND

北島
North I.

コロマンデル半島
Coromandel Pen.

メルボルン
MELBOURNE

ウィルソン岬
Wilsons Promontory

タ

ス

マ

ン

海

Tasman Sea

ハミルトン
Hamilton

ファーノー諸島
Furneaux Group

フェアウェル岬
C. Farewell

ニュージーランド
NEW ZEALAND
南島
South I.

⑧

タスマニア
TASMANIA

ウェリントン
WELLINGTON

ロワーハット
Lower Hutt

サザンアルプス山脈
Southern Alps

クライストチャーチ
Christchurch

ダニーディン
Dunedin

スチュアート島
Stewart I.

⑨ チャタム島
Chatham I.

チャタム諸島
(ニュー) Chatham Is.

ピット島
Pitt I.

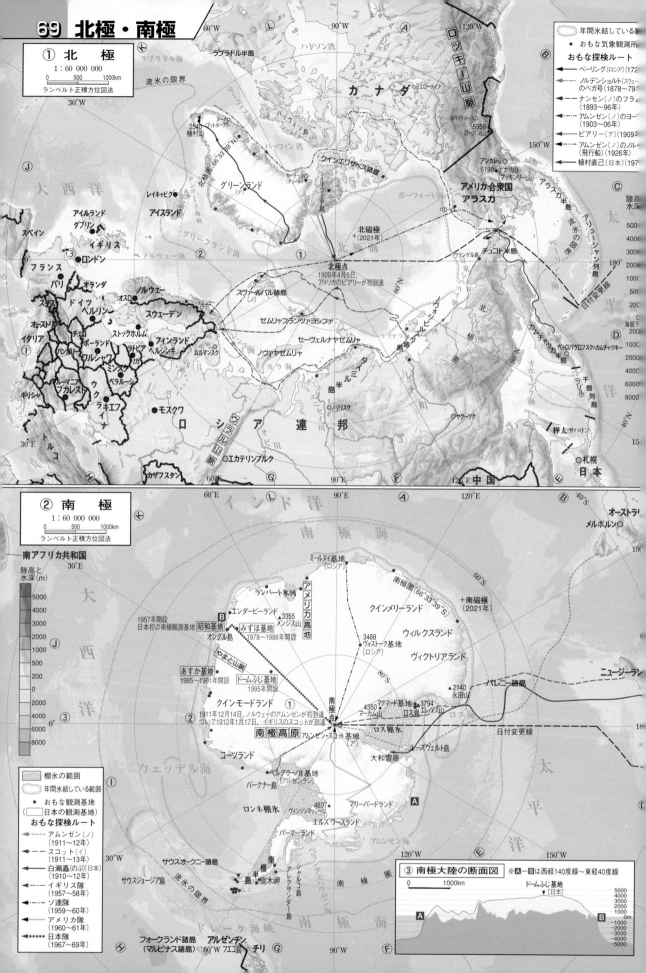

② 那覇市
1:60 000
0   500   1000m

商業・業務地	公共施設
住宅地	学校・病院
公園・緑地	工場
その他の地域	その他の建物

駅 == 未開通 === モノレール

① 沖縄島
1:500 000
0   5   10km

土地利用
市街地
田
畑
果樹園
森林・その他
工業地

海の深さ(m)
0
200

サンゴ礁

③硫黄鳥島
1:580 000
0   5km
島尻郡
久米島町
硫黄鳥島

④伊平屋島
伊是名島
1:580 000
0   5km

⑤大東諸島
1:580 000
0   5km

陸高と
水深(m)
200
100
50
0
100
500
1000
2000
*
共通凡例

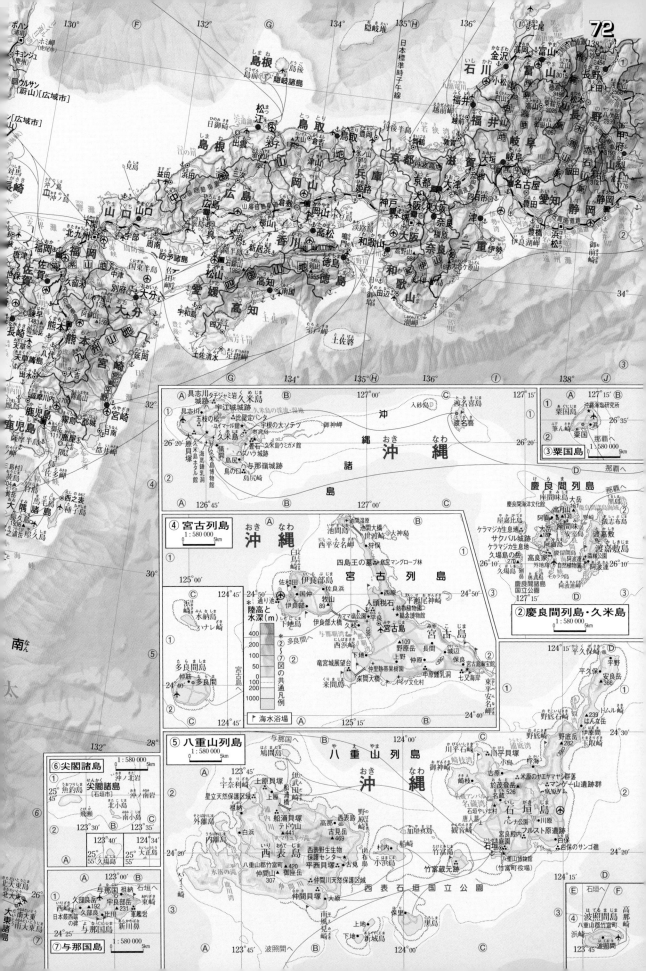

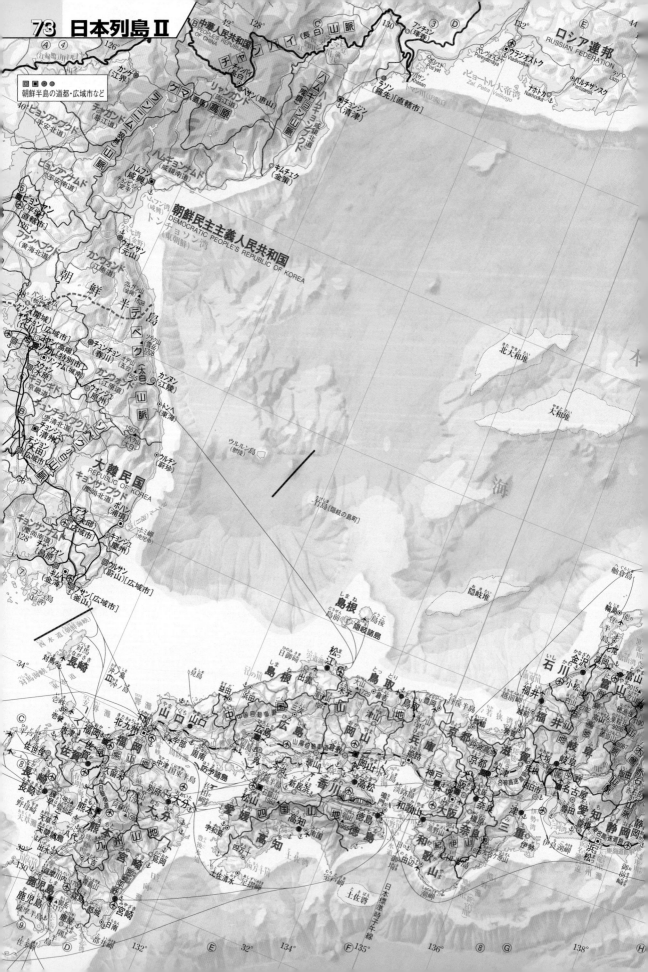

① 日本列島（Ⅱ）

1：5 000 000

0　　　　100km

正角円錐図法

② 色丹島・国後島
択捉島・歯舞群島

1：5 000 000

0　　　　100km

③ 伊豆諸島

1：5 000 000

0　　　　50km

④ 伊豆・
小笠原諸島

1：15 000 000

0　　　　200km

陸高と
水深(m)

3000
2000
1000
500
200
0
200
1000
2000
3000
4000
6000
8000

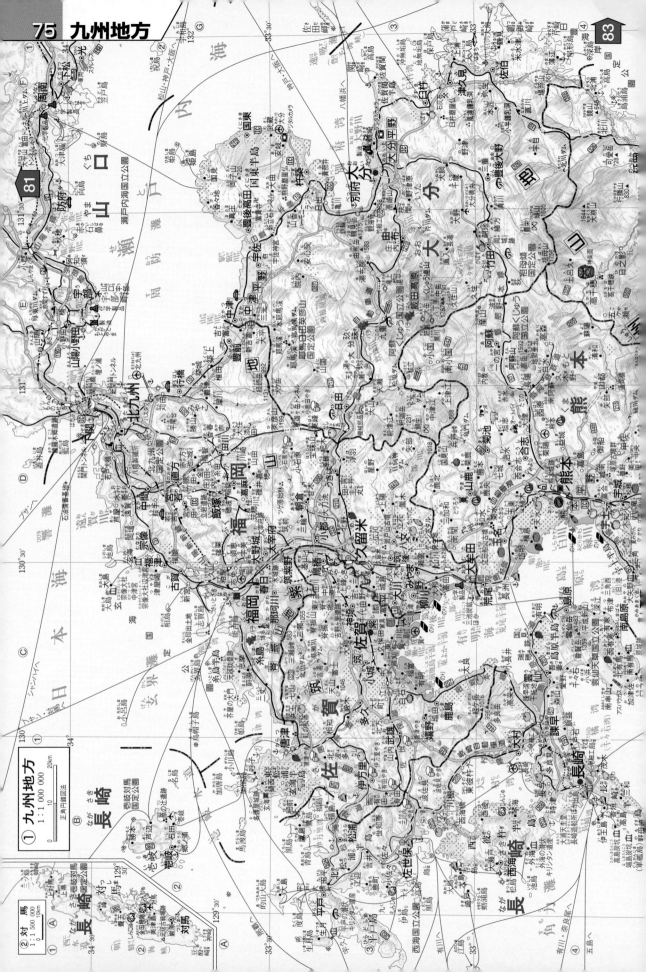

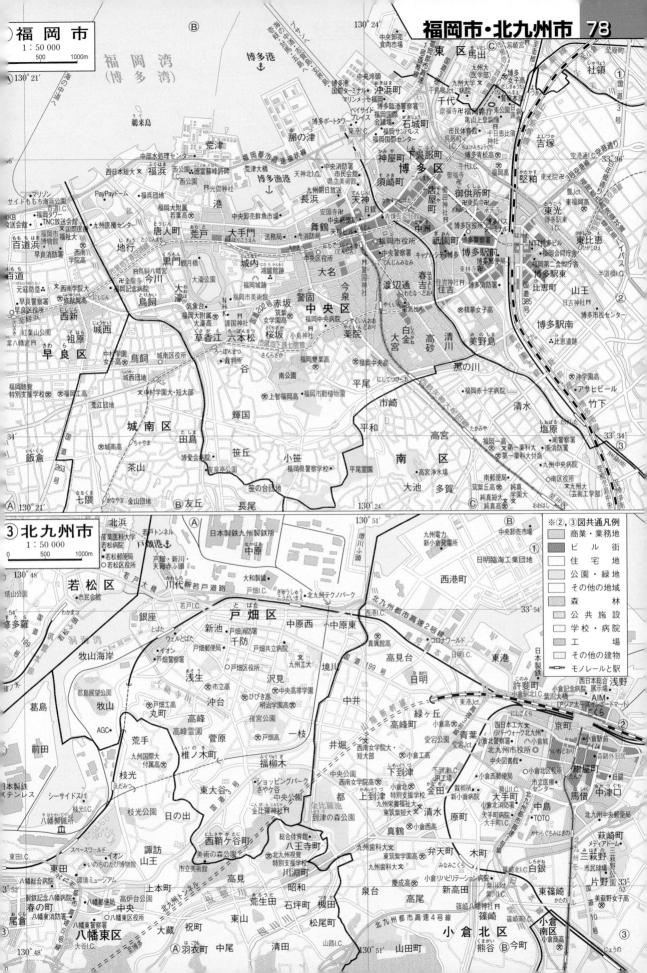

① 福岡周辺の
　行政区分
1:200 000
0　1　2　3　4　5km

② 北九州周辺の
　行政区分
1:200 000
0　1　2　3　4　5km

① 広島周辺の
行政区分
1:200 000
0　1　2　3　4　5km

② 岡山周辺の
行政区分
1:200 000
0　1　2　3　4　5km

① 近畿地方
1:1 000 000
正角円錐図法

① 大阪とその周辺

1：500 000

0　　5　　10km

多面体図法

土地利用

	市街地
	田
	畑
	果樹園
	工業地

森林・その他
1600m
1000
600

⊛ おもな
ニュータウン

兵庫

播磨平野

播磨灘

家島諸島

西島
男鹿島
家島
坊勢島

淡路島

大阪湾

瀬戸内海国立公園

津名丘陵

洲本平野
洲本

三原平野
南あわじ

諭鶴羽山地

日本標準時子午線

関西国際空港
泉佐野
りんくうタウン
泉南
阪南
泉和
岸和田

和歌山平野
和歌山
海南

鳴門海峡
大鳴門橋
大毛島
島田島
鳴門

徳島平野
徳島

徳島

① 大阪周辺の
　行政区分
1：200 000
0　1　2　3　4　5km

② 奈良周辺
1:110 000
0　1　2km

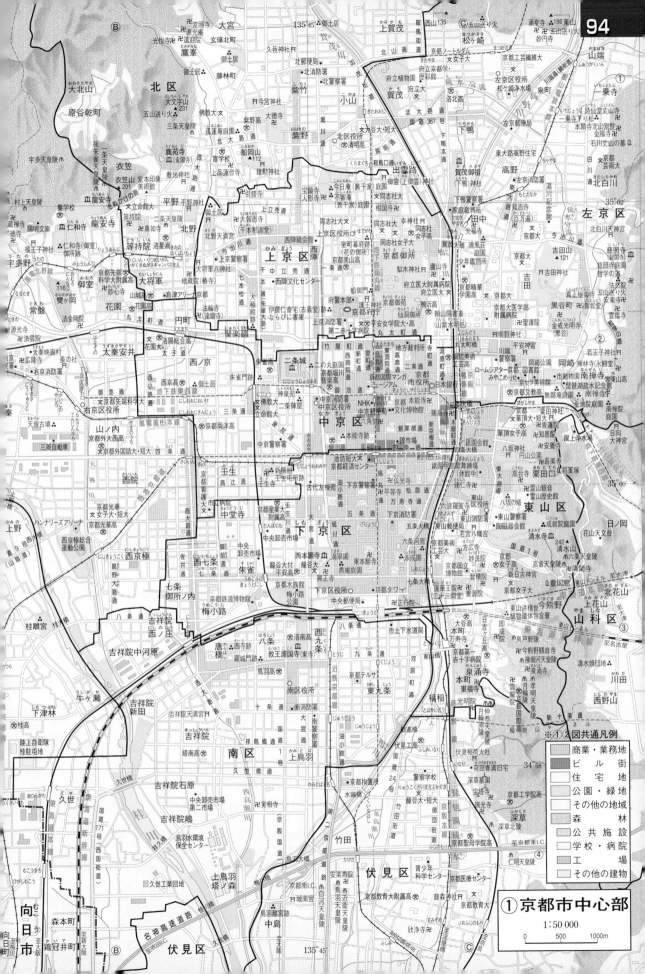

① 京都市中心部

1:50 000

① **中部地方**
1:1 000 000
0 10 20km
正角円錐図法

② **佐渡島**
1:1 000 000
0 10 20km

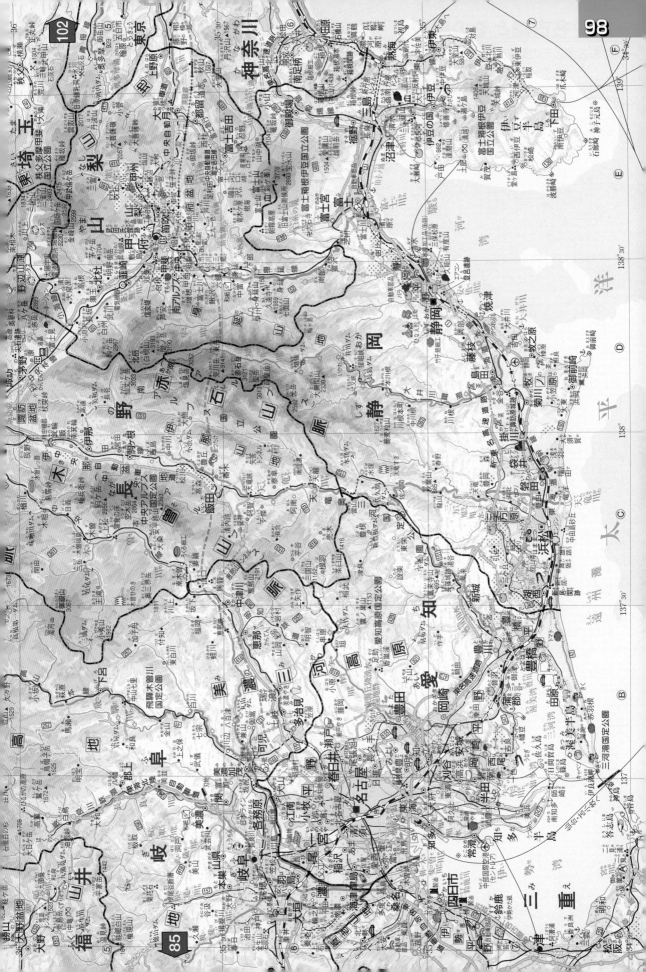

② 名古屋市
1：100 000
0　1　2km

③ 金沢市
1：50 000
0　500　1000m

名古屋市 凡例
	商業・業務地
	ビル街
	住宅地
	公園・緑地
	その他の地域
	森　林
	工業地

金沢市 凡例
	商業・業務地
	ビル街
	住宅地
	公園・緑地
	その他の地域
	森　林
	公共施設
	学校・病院
	工　場
	その他の建物

名古屋市地図：
清須市　西区　北区　守山区　中村区　東区　千種区　名東区　中区　昭和区　天白区　日進市　中川区　熱田区　瑞穂区　緑区　港区　南区

金沢市地図：
石川県庁　金沢駅　金沢城公園　兼六園　金沢市役所　金沢大学　西金沢

① 東京周辺の
行政区分
1:200 000

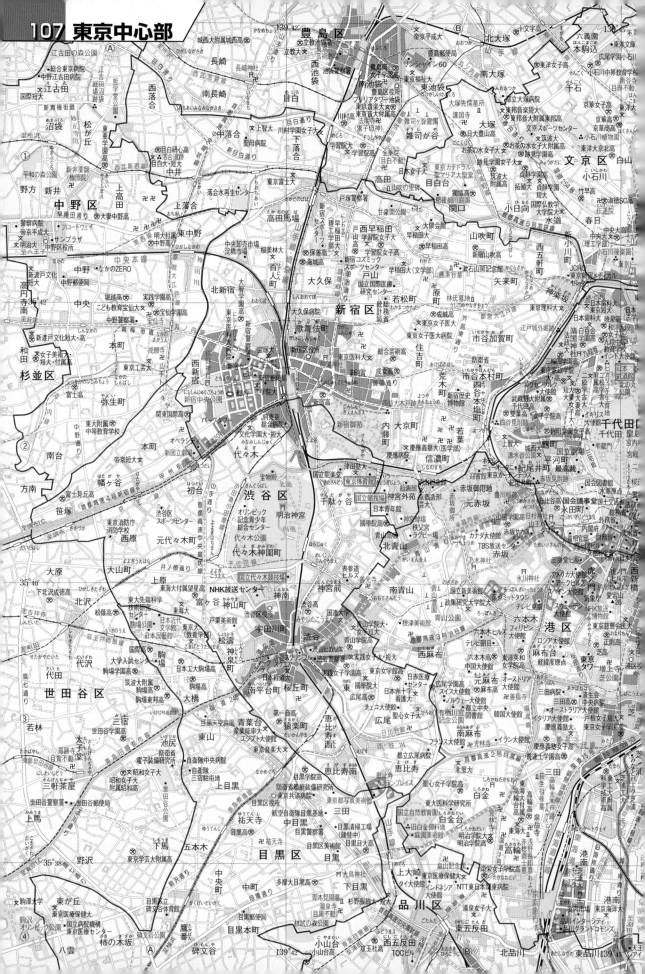

① 東京中心部

1:50 000

0　　　500　　　1000m

	商業・業務地
	ビル街
	住宅地
	公園・緑地
	その他の地域
	公共施設
	学校・病院
	工場
	その他の建物
	モノレールと駅

国技館　東京2020オリンピック・パラリンピックのおもな会場

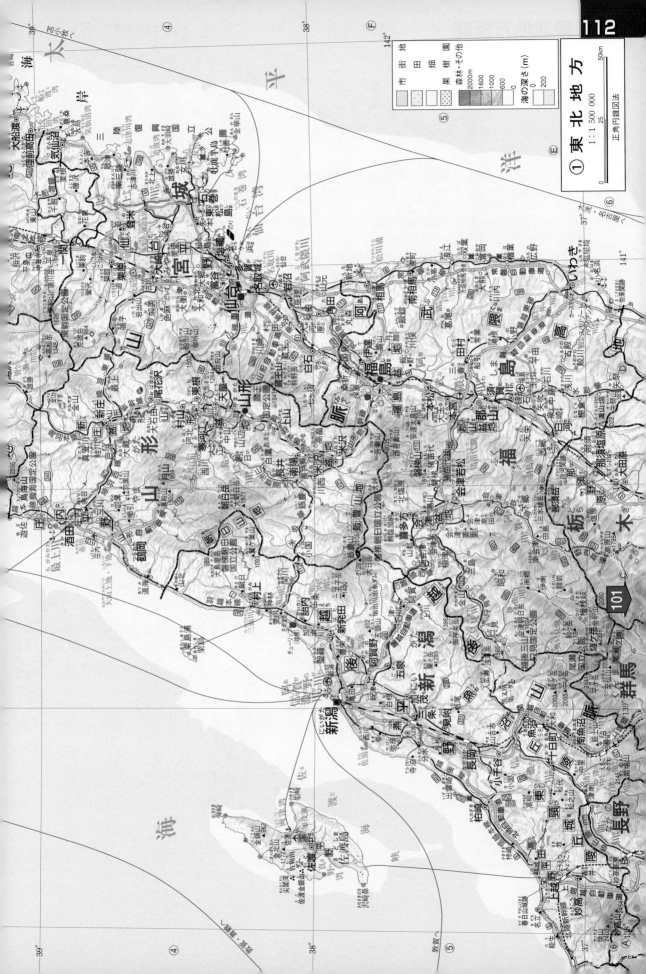

① 東北地方

1：1 500 000

正角円錐図法

0　25　50km

地

市街地
田
畑
果樹園

森林・その他
海の深さ（m）
2000m
1600
1000
600
200
0

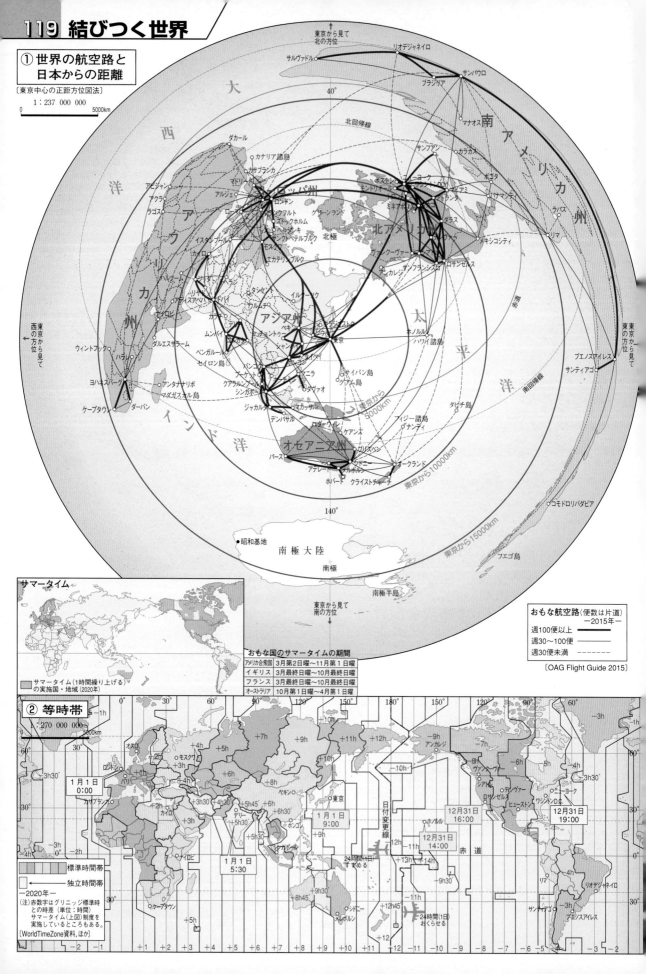

① 世界の航空路と日本からの距離

2021年4月までの合併市町村

注1) 2021年4月1日現在の状況をもとに作成。
2) 年月日は、合併年月日。年は、西暦の下2桁のみ表示。

- 2021年4月1日までの合併市町村
- ■ 都・道・府・県庁の所在地
- ━ 都道府県界
- ━ 合併後の市町村界　══ 旧市町村界

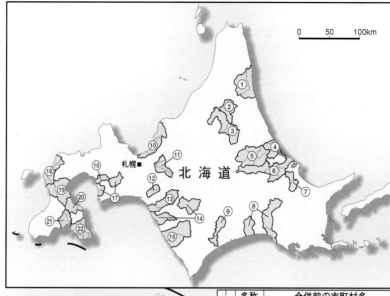

	名称	合併前の市町村名	年月日
64	八峰町	八森町,峰浜村	06.3.27
65	能代市	能代市,二ツ井町	06.3.21
66	大館市	大館市,田代町,比内町	05.6.20
67	北秋田市	鷹巣町,森吉町,阿仁町,合川町	05.3.22
68	三種町	琴丘町,山本町,八竜町	06.3.20
69	男鹿市	男鹿市,若美町	05.3.22
70	潟上市	昭和町,飯田川町,天王町	05.3.22
71	秋田市	秋田市,河辺町,雄和町	05.1.11
72	仙北市	田沢湖町,西木村,角館町	05.9.20
73	大仙市	大曲市,神岡町,西仙北町,中仙町,協和町,南外村,仙北町,太田町	05.3.22
74	美郷町	六郷町,千畑町,仙南村	04.11.1
75	横手市	横手市,平鹿町,雄物川町,大森町,大雄村,山内村,増田町,十文字町	05.10.1
76	由利本荘市	本荘市,矢島町,岩城町,由利町,西目町,鳥海町,東由利町,大内町	05.3.22
77	にかほ市	仁賀保町,金浦町,象潟町	05.10.1
78	湯沢市	湯沢市,稲川町,雄勝町,皆瀬村	05.3.22
79	酒田市	酒田市,八幡町,松山町,平田町	05.11.1
80	庄内町	立川町,余目町	05.7.1
81	鶴岡市	鶴岡市,藤島町,羽黒町,櫛引町,朝日村,温海町	05.10.1

		名称	合併前の市町村名	年月日
北海道	1	枝幸町	枝幸町,歌登町	06.3.20
	2	名寄市	名寄市,風連町	06.3.27
	3	士別市	士別市,朝日町	05.9.1
	4	湧別町	上湧別町,湧別町	09.10.5
	5	遠軽町	生田原町,遠軽町,丸瀬布町,白滝村	05.10.1
	6	北見市	北見市,端野町,留辺蘂町,常呂町	06.3.5
	7	大空町	東藻琴村,女満別町	06.3.31
	8	釧路市	釧路市,阿寒町,音別町	05.10.11
	9	幕別町	幕別町,忠類村	06.2.6
	10	石狩市	石狩市,厚田村,浜益村	05.10.1
	11	岩見沢市	岩見沢市,北村,栗沢町	06.3.27
	12	安平町	早来町,追分町	06.3.27
	13	むかわ町	鵡川町,穂別町	06.3.27
	14	日高町	日高町,門別町	06.3.1
	15	新ひだか町	静内町,三石町	06.3.31
	16	洞爺湖町	虻田町,洞爺村	06.3.27
	17	伊達市	伊達市,大滝村	06.3.1
	18	せたな町	大成町,瀬棚町,北檜山町	05.9.1
	19	八雲町	熊石町,八雲町	05.10.1
	20	森町	森町,砂原町	05.4.1
	21	北斗市	上磯町,大野町	06.2.1
	22	函館市	函館市,戸井町,恵山町,椴法華村,南茅部町	04.12.1
青森県	23	むつ市	むつ市,川内町,大畑町,脇野沢村	05.3.14
	24	外ヶ浜町	蟹田町,平舘村,三厩村	05.3.28
	25	中泊町	中里町,小泊村	05.3.28
	26	五所川原市	五所川原市,金木町,市浦村	05.3.28
	27	つがる市	木造町,森田村,柏村,稲垣村,車力村	05.2.11
	28	深浦町	深浦町,岩崎村	05.3.31
	29	弘前市	弘前市,岩木町,相馬村	06.2.27
	30	藤崎町	藤崎町,常盤村	05.3.28
	31	青森市	青森市,浪岡町	05.4.1
	32	東北町	上北町,東北町	05.3.31
	33	七戸町	七戸町,天間林村	05.3.31
	34	平川市	尾上町,平賀町,碇ヶ関村	06.1.1
	35	十和田市	十和田市,十和田湖町	05.1.1
	36	おいらせ町	百石町,下田町	06.3.1
	37	五戸町	五戸町,倉石村	04.7.1
	38	南部町	名川町,南部町,福地村	06.1.1
	39	八戸市	八戸市,南郷村	05.3.31
岩手県	40	二戸市	二戸市,浄法寺町	06.1.1
	41	八幡平市	西根町,安代町,松尾村	05.9.1
	42	洋野町	種市町,大野村	06.1.1
	43	久慈市	久慈市,山形村	06.3.6
	44	盛岡市	盛岡市,玉山村	06.1.10
	45	西和賀町	湯田町,沢内村	05.11.1
	46	花巻市	花巻市,大迫町,石鳥谷町,東和町	06.1.1

		名称	合併前の市町村名	年月日
岩手県	47	遠野市	遠野市,宮守村	05.10.1
	48	宮古市	宮古市,田老町,新里村	05.6.6
	49	宮古市	宮古市,川井村	10.1.1
	50	奥州市	水沢市,江刺市,前沢町,胆沢町,衣川村	06.2.20
	51	一関市	一関市,花泉町,東山町,川崎村,大東町,千厩町,室根村	05.9.20
	52	一関市	一関市,藤沢町	11.9.26
	53	大船渡市	大船渡市,三陸町	01.11.15
宮城県	54	気仙沼市	気仙沼市,唐桑町	06.3.31
	55	気仙沼市	気仙沼市,本吉町	09.9.1
	56	南三陸町	志津川町,歌津町	05.10.1
	57	登米市	迫町,登米町,東和町,中田町,豊里町,米山町,石越町,南方町,津山町	05.4.1
	58	栗原市	築館町,若柳町,栗駒町,高清水町,一迫町,瀬峰町,鶯沢町,金成町,志波姫町,花山村	05.4.1
	59	大崎市	古川市,松山町,三本木町,鹿島台町,岩出山町,鳴子町,田尻町	06.3.31
	60	加美町	中新田町,小野田町,宮崎町	03.4.1
	61	美里町	小牛田町,南郷町	06.1.1
	62	東松島市	矢本町,鳴瀬町	05.4.1
	63	石巻市	石巻市,雄勝町,河南町,桃生町,北上町,牡鹿町,河北町	05.4.1

愛知県

No.	市町村名	合併した市町村	期日
330	西尾市	西尾市,一色町,吉良町,幡豆町	11.4.1
331	田原市	田原市,赤羽根町	03.8.20
332	田原市	田原市,渥美町	05.10.1

三重県

No.	市町村名	合併した市町村	期日
333	いなべ市	員弁町,大安町,北勢町,藤原町	03.12.1
334	桑名市	桑名市,多度町,長島町	04.12.6
335	四日市市	四日市市,楠町	05.2.7
336	亀山市	亀山市,関町	05.1.11
337	伊賀市	上野市,伊賀町,島ケ原村,阿山町,大山田村,青山町	04.11.1
338	津市	津市,久居市,河芸町,芸濃町,美里町,安濃町,香良洲町,一志町,白山町,美杉村	06.1.1
340	松阪市	松阪市,嬉野町,三雲町,飯南町,飯高町	05.1.1
341	多気町	多気町,勢和村	06.1.1
342	大台町	大台町,宮川村	06.1.10
343	伊勢市	伊勢市,二見町,小俣町,御薗村	05.11.1
344	志摩市	浜島町,大王町,志摩町,阿児町,磯部町	04.10.1
345	南伊勢町	南勢町,南島町	05.10.1
346	大紀町	大宮町,紀勢町,大内山村	05.2.14
347	紀北町	紀伊長島町,海山町	05.10.11
348	熊野市	熊野市,紀和町	05.11.1
349	紀宝町	紀宝町,鵜殿村	06.1.10

滋賀県

No.	市町村名	合併した市町村	期日
350	長浜市	長浜市,浅井町,びわ町	06.2.13
351	長浜市	長浜市,虎姫町,湖北町,高月町,木之本町,余呉町,西浅井町	10.1.1
352	米原市	山東町,伊吹町,米原町	05.2.14
353	米原市	米原市,近江町	05.10.1
354	愛荘町	秦荘町,愛知川町	06.2.13
355	近江八幡市	近江八幡市,安土町	10.3.21
356	東近江市	八日市市,永源寺町,五個荘町,愛東町,湖東町	05.2.11
357	東近江市	東近江市,蒲生町,能登川町	06.1.1
358	甲賀市	水口町,土山町,甲賀町,甲南町,信楽町	04.10.1
359	湖南市	石部町,甲西町	04.10.1
360	野洲市	中主町,野洲町	04.10.1
361	大津市	大津市,志賀町	06.3.20
362	高島市	マキノ町,今津町,安曇川町,高島町,新旭町,朽木村	05.1.1

京都府

No.	市町村名	合併した市町村	期日
363	京丹後市	峰山町,大宮町,網野町,丹後町,弥栄町,久美浜町	04.4.1
364	与謝野町	加悦町,岩滝町,野田川町	06.3.1
365	福知山市	福知山市,三和町,夜久野町,大江町	06.1.1
366	京丹波町	丹波町,瑞穂町,和知町	05.10.11
367	南丹市	園部町,八木町,日吉町,美山町	06.1.1
368	京都市	京都市,京北町	05.4.1
369	木津川市	山城町,木津町,加茂町	07.3.12

大阪府

No.	市町村名	合併した市町村	期日
370	堺市	堺市,美原町	05.2.1

兵庫県

No.	市町村名	合併した市町村	期日
371	新温泉町	浜坂町,温泉町	05.10.1
372	香美町	香住町,村岡町,美方町	05.4.1
373	豊岡市	豊岡市,城崎町,竹野町,日高町,出石町,但東町	05.4.1
374	養父市	八鹿町,養父町,大屋町,関宮町	04.4.1
375	宍粟市	山崎町,宍粟郡一宮町,波賀町,千種町	05.4.1
376	朝来市	生野町,和田山町,山東町,朝来町	05.4.1
377	佐用町	佐用町,上月町,南光町,三日月町	05.10.1
378	神河町	神崎町,大河内町	05.11.7
379	丹波市	柏原町,氷上町,青垣町,春日町,山南町,市島町	04.11.1
380	多可町	中町,加美町,八千代町	05.11.1
381	たつの市	龍野市,新宮町,揖保川町,御津町	05.10.1
382	西脇市	西脇市,黒田庄町	05.10.1
383	篠山市	篠山市,西紀町,丹南町,今田町	99.4.1
384	加東市	社町,滝野町,東条町	06.3.20
385	三木市	三木市,吉川町	05.10.24
386	姫路市	姫路市,家島町,夢前町,香寺町,安富町	06.3.27
387	淡路市	津名町,淡路町,北淡町,津名郡一宮町,東浦町	05.4.1
388	洲本市	洲本市,五色町	06.2.11
389	南あわじ市	緑町,西淡町,三原町,南淡町	05.1.11

奈良県

No.	市町村名	合併した市町村	期日
390	奈良市	奈良市,月ケ瀬村,都祁村	05.4.1
391	葛城市	新庄町,當麻町	04.10.1
392	宇陀市	大宇陀町,菟田野町,榛原町,室生村	06.1.1
393	五條市	五條市,西吉野村,大塔村	05.9.25

和歌山県

No.	市町村名	合併した市町村	期日
394	橋本市	橋本市,高野口町	06.3.1
395	かつらぎ町	かつらぎ町,花園村	05.10.1
396	紀の川市	打田町,粉河町,那賀町,桃山町,貴志川町	05.11.7
397	紀美野町	野上町,美里町	06.1.1
398	海南市	海南市,下津町	05.4.1
399	有田市	吉備町,金屋町,清水町	06.1.1
400	日高川町	川辺町,中津村,美山村	05.5.1
401	みなべ町	南部川村,南部町	04.10.1
402	田辺市	田辺市,龍神村,中辺路町,大塔村,本宮町	05.5.1
403	新宮市	新宮市,熊野川町	05.10.1
404	白浜町	白浜町,日置川町	06.3.1
405	串本町	串本町,古座町	05.4.1

石川県

No.	市町村名	合併した市町村	期日
224	能美市	根上町,寺井町,辰口町	05.2.1
225	白山市	松任市,美川町,鶴来町,河内村,吉野谷村,鳥越村,尾口村,白峰村	05.2.1
226	加賀市	加賀市,山中町	05.10.1

福井県

No.	市町村名	合併した市町村	期日
227	あわら市	芦原町,金津町	04.3.1
228	坂井市	三国町,丸岡町,春江町,坂井町	06.3.20
229	永平寺町	松岡町,永平寺町,上志比村	06.2.13
230	福井市	福井市,美山町,越廼村,清水町	06.2.1
231	越前町	朝日町,宮崎村,越前町,織田町	05.2.1
232	越前市	武生市,今立町	05.10.1
233	大野市	大野市,和泉村	05.11.7
234	南越前町	南条町,今庄町,河野村	05.1.1
235	若狭町	三方町,上中町	05.3.31
236	おおい町	名田庄村,大飯町	06.3.3

岐阜県

No.	市町村名	合併した市町村	期日
275	飛騨市	古川町,河合村,宮川村,神岡町	04.2.1
276	高山市	高山市,丹生川村,清見村,荘川村,宮村,久々野町,朝日村,高根村,国府町,上宝村	05.2.1
277	下呂市	萩原町,小坂町,下呂町,金山町,馬瀬村	04.3.1
278	郡上市	八幡町,大和町,白鳥町,高鷲村,美並村,明宝村,和良村	04.3.1
279	中津川市	中津川市,坂下町,川上村,加子母村,付知町,福岡町,蛭川村	05.2.13
280	中津川市	中津川市,長野県山口村	05.2.13
281	恵那市	恵那市,岩村町,山岡町,明智町,串原村,上矢作町	04.10.25
282	関市	関市,洞戸町,板取村,武儀町,上之保村,武芸川町	05.2.7
283	山県市	高富町,伊自良村,美山町	03.4.1
284	本巣市	本巣町,真正町,糸貫町,根尾村	04.2.1
285	揖斐川町	揖斐川町,谷汲村,春日村,久瀬村,藤橋村,坂内村	05.1.31
286	大垣市	大垣市,上石津町,墨俣町	06.3.27
287	海津市	海津町,平田町,南濃町	05.3.28
288	瑞穂市	穂積町,巣南町	03.5.1
289	岐阜市	岐阜市,柳津町	06.1.1
290	各務原市	各務原市,川島町	04.11.1
291	可児市	可児市,兼山町	05.5.1
292	多治見市	多治見市,笠原町	06.1.23

長野県

No.	市町村名	合併した市町村	期日
270	木曽町	木曽福島町,日義村,開田村,三岳村	05.11
271	阿智村	阿智村,浪合村	06.1
272	阿智村	阿智村,清内路村	09.3.
274	飯田市	飯田市,上村,南信濃村	05.10

富山県

No.	市町村名	合併した市町村	期日
210	黒部市	黒部市,宇奈月町	06.3.
211	射水市	新湊市,小杉町,大門町,下村,大島町	05.11
212	高岡市	高岡市,福岡町	05.11
213	砺波市	砺波市,庄川町	04.11
214	南砺市	城端町,平村,上平村,利賀村,井波町,井口村,福野町,福光町	04.11
216	富山市	富山市,大沢野町,大山町,八尾町,婦中町,山田村,細入村	05.4.

石川県

No.	市町村名	合併した市町村	期日
217	輪島市	輪島市,門前町	06.2.
218	能登町	能都町,柳田村,内浦町	05.3.
219	志賀町	富来町,志賀町	05.9.
220	七尾市	七尾市,田鶴浜町,中島町,能登島町	04.10.
221	中能登町	鳥屋町,鹿島町,鹿西町	05.3.
222	宝達志水町	志雄町,押水町	05.3.
223	かほく市	高松町,七塚町,宇ノ気町	04.3.

☐ 2021年4月1日までの合併市町村
■ 都・道・府・県庁の所在地
― 都道府県界
― 合併後の市町村界 ― 旧市町村界
※㊳篠山市は2019年5月1日に丹波篠山市に名称変更。

愛知県

No.	市町村名	合併した市町村	期日
315	一宮市	一宮市,尾西市,木曽川町	05.4.1
316	稲沢市	稲沢市,祖父江町,平和町	05.4.1
317	北名古屋市	師勝町,西春町	06.3.20
318	清須市	西枇杷島町,清洲町,新川町	05.7.7
319	清須市	清須市,春日町	09.10.1
320	あま市	七宝町,美和町,甚目寺町	10.3.22
321	愛西市	佐屋町,立田村,八開村,佐織町	05.4.1
322	弥富市	十四山村,弥富町	06.4.1
323	豊根村	豊根村,富山村	05.11.27
324	設楽町	設楽町,津具村	05.10.1
325	豊田市	豊田市,藤岡町,小原村,足助町,下山村,旭町,稲武町	05.4.1
326	新城市	新城市,鳳来町,作手村	05.10.1
327	岡崎市	岡崎市,額田町	06.1.1
328	豊川市	豊川市,一宮町	06.2.1
329	豊川市	豊川市,音羽町,御津町	08.1.15
330	豊川市	豊川市,小坂井町	10.2.1

静岡県

No.	市町村名	合併した市町村	期日
289	富士宮市	富士宮市,芝川町	10.3.23
290	富士市	富士市,富士川町	08.11.1
291	沼津市	沼津市,戸田村	05.4.1
292	伊豆の国市	伊豆長岡町,韮山町,大仁町	05.4.1
293	伊豆市	修善寺町,土肥町,天城湯ケ島町,中伊豆町	04.4.1
294	西伊豆町	西伊豆町,賀茂村	05.4.1
295	静岡市	静岡市,清水市	03.4.1
296	静岡市	静岡市,蒲原町	06.3.31
297	静岡市	静岡市,由比町	08.11.1
298	川根本町	中川根町,本川根町	05.9.20
299	浜松市	浜松市,天竜市,浜北市,春野町,龍山村,佐久間町,水窪町,舞阪町,雄踏町,細江町,引佐町,三ケ日町	05.7.1
300	藤枝市	藤枝市,岡部町	09.1.1
304	焼津市	焼津市,大井川町	08.11.1
305	島田市	島田市,金谷町	05.5.5
306	島田市	島田市,川根町	08.4.1
307	牧之原市	相良町,榛原町	05.10.1
308	御前崎市	御前崎町,浜岡町	04.4.1
309	菊川市	小笠町,菊川町	05.1.17
310	掛川市	掛川市,大須賀町,大東町	05.4.1
311	袋井市	袋井市,浅羽町	05.4.1
313	磐田市	磐田市,福田町,竜洋町,豊田町,豊岡村	05.4.1
314	湖西市	湖西市,新居町	10.3.23

新潟県 / 長野県

No.	市町村	構成	日付
207	十日町市	十日町市,川西町,中里村,松代町,松之山町	05.4.1
208	魚沼市	堀之内町,小出町,湯之谷村,広神村,守門村,入広瀬村	04.11.1
209	南魚沼市	六日町,大和町	04.11.1
210	南魚沼市	南魚沼市,塩沢町	05.10.1
254	飯綱町	牟礼村,三水村	05.10.1
255	中野市	中野市,豊田村	05.4.1
256	長野市	長野市,大岡村,豊野町,戸隠村,鬼無里村	05.1.1
257	長野市	長野市,信州新町,中条村	10.1.1
258	大町市	大町市,八坂村,美麻村	06.1.1
259	千曲市	更埴市,戸倉町,上山田町	03.9.1
260	筑北村	本城村,坂北村,坂井村	05.10.1
261	安曇野市	豊科町,穂高町,三郷村,堀金村,明科町	05.10.1
262	上田市	上田市,丸子町,真田町,武石村	06.3.6
263	松本市	松本市,四賀村,奈川村,安曇村,梓川村	05.4.1
264	松本市	松本市,波田町	10.3.31
265	東御市	東部町,北御牧村	04.4.1
266	佐久市	佐久市,臼田町,浅科村,望月町	05.4.1
267	長和町	長門町,和田村	05.10.1
268	佐久穂町	佐久町,八千穂村	05.3.20
269	塩尻市	塩尻市,楢川村	05.4.1
270	伊那市	伊那市,高遠町,長谷村	06.3.31

新潟県

No.	市町村	構成	日付
187	佐渡市	両津市,相川町,佐和田町,金井町,新穂村,畑野町,真野町,小木町,羽茂町,赤泊村	04.3.1
188	村上市	村上市,荒川町,神林村,朝日村,山北町	08.4.1
189	胎内市	中条町,黒川村	05.9.1
190	新発田市	新発田市,豊浦町	03.7.7
191	新発田市	新発田市,加治川村,紫雲寺町	05.5.1
192	新潟市	新潟市,黒埼町	01.1.1
193	新潟市	新潟市,白根市,新津市,豊栄市,小須戸町,横越町,亀田町,岩室村,西川町,味方村,潟東村,月潟村,中之口村	05.3.21
194	新潟市	新潟市,巻町	05.10.10
195	阿賀野市	安田町,京ヶ瀬村,水原町,笹神村	04.4.1
196	阿賀町	津川町,鹿瀬町,上川村,三川村	05.4.1
197	五泉市	五泉市,村松町	06.1.1
198	燕市	燕市,分水町,吉田町	06.3.20
199	三条市	三条市,栄町,下田村	05.5.1
200	長岡市	長岡市,中之島町,越路町,三島町,山古志村,小国町	05.4.1
201	長岡市	長岡市,栃尾市,与板町,和島村,寺泊町	06.1.1
202	長岡市	長岡市,川口町	10.3.31
203	柏崎市	柏崎市,高柳町,西山町	05.5.1
204	上越市	上越市,安塚町,浦川原村,大島村,牧村,柿崎町,大潟町,頸城村,吉川町,中郷村,板倉町,清里村,三和村,名立町	05.1.1
205	糸魚川市	糸魚川市,能生町,青海町	05.3.19
206	妙高市	新井市,妙高高原町,妙高村	05.4.1

福島県

No.	市町村	構成	日付
82	喜多方市	喜多方市,熱塩加納村,塩川町,山都町,高郷村	06.1.4
83	会津若松市	会津若松市,北会津村	04.11.1
84	会津若松市	会津若松市,河東町	05.11.1
85	会津美里町	会津高田町,会津本郷町,新鶴村	05.10.1
86	伊達市	伊達市,梁川町,保原町,霊山町,月舘町	06.1.1
87	福島市	福島市,飯野町	08.7.1
88	二本松市	二本松市,安達町,岩代町,東和町	05.12.1
89	本宮市	本宮市,白沢村	07.1.1
90	南相馬市	原町市,鹿島町,小高町	06.1.1
91	南会津町	田島町,舘岩村,伊南村,南郷村	06.3.20
92	須賀川市	須賀川市,長沼町,岩瀬村	05.4.1
93	田村市	滝根町,大越町,都路村,常葉町,船引町	05.3.1
94	白河市	白河市,表郷村,大信村,東村	05.11.7

茨城県

No.	市町村	構成	日付
95	常陸大宮市	御前山村,大宮町,山方町,美和村,緒川村	04.10.16
96	常陸太田市	常陸太田市,金砂郷町,水府村,里美村	04.12.1
97	日立市	日立市,十王町	04.11.1
98	城里町	常北町,桂村,七会村	05.2.1
99	水戸市	水戸市,内原町	05.2.1
100	那珂市	那珂町,瓜連町	05.1.21
101	笠間市	笠間市,友部町,岩間町	06.3.19
102	桜川市	岩瀬町,真壁町,大和村	05.10.1
103	筑西市	下館市,関城町,明野町,協和町	05.3.28
104	石岡市	石岡市,八郷町	05.10.1
105	小美玉市	小川町,美野里町,玉里村	06.3.27
106	古河市	古河市,総和町,三和町	05.9.12
107	下妻市	下妻市,千代川村	06.1.1
108	坂東市	岩井市,猿島町	05.3.22
109	つくば市	つくば市,茎崎町	02.11.1
110	常総市	水海道市,石下町	06.1.1
111	つくばみらい市	伊奈町,谷和原村	06.3.27
112	土浦市	土浦市,新治村	06.2.20
113	かすみがうら市	霞ヶ浦町,千代田町	05.3.28
114	鉾田市	鉾田町,大洋村,旭村	05.10.1
115	行方市	麻生町,北浦町,玉造町	05.9.2
116	取手市	取手市,藤代町	05.3.28
117	稲敷市	江戸崎町,新利根町,桜川村,東町	05.3.22
118	鹿嶋市	鹿島町,大野村	95.9.1
119	潮来市	潮来町,牛堀町	01.4.1
120	神栖市	神栖町,波崎町	05.8.1

栃木県

No.	市町村	構成	日付
121	那須塩原市	黒磯市,西那須野町,塩原町	05.1.1
122	日光市	日光市,今市市,足尾町,栗山村,藤原町	06.3.20
123	さくら市	氏家町,喜連川町	05.3.28
124	大田原市	大田原市,湯津上村,黒羽町	05.10.1
125	那珂川町	馬頭町,小川町	05.10.1
126	鹿沼市	鹿沼市,粟野町	06.1.1
127	那須烏山市	南那須町,烏山町	05.10.1
128	宇都宮市	宇都宮市,上河内町,河内町	07.3.31
129	真岡市	真岡市,二宮町	09.3.23
130	佐野市	佐野市,田沼町,葛生町	05.2.28
131	栃木市	栃木市,大平町,藤岡町,都賀町	10.3.29
132	栃木市	栃木市,西方町	11.10.1
133	栃木市	栃木市,岩舟町	14.4.5
134	下野市	南河内町,石橋町,国分寺町	06.1.10

埼玉県 / 千葉県 / 東京都

No.	市町村	構成	日付
163	鴻巣市	鴻巣市,川里町,吹上町	05.10.1
164	加須市	加須市,騎西町,北川辺町,大利根町	10.3.23
165	久喜市	久喜市,菖蒲町,栗橋町,鷲宮町	10.3.23
166	ふじみ野市	上福岡市,大井町	05.10.1
167	さいたま市	浦和市,大宮市,与野市	01.5.1
168	さいたま市	さいたま市,岩槻市	05.4.1
169	川口市	川口市,鳩ケ谷市	11.10.11
170	春日部市	春日部市,庄和町	05.10.1
171	野田市	野田市,関宿町	03.6.6
172	柏市	柏市,沼南町	05.3.28
173	印西市	印西市,印旛村,本埜村	10.3.23
174	成田市	成田市,下総町,大栄町	06.3.27
175	香取市	佐原市,山田町,栗源町,小見川町	06.3.27
176	旭市	旭市,干潟町,海上町,飯岡町	05.7.1
177	匝瑳市	八日市場市,野栄町	06.1.23
178	横芝光町	横芝町,光町	06.3.27
179	山武市	成東町,山武町,蓮沼村,松尾町	06.3.27
180	いすみ市	夷隅町,大原町,岬町	05.12.5
181	鴨川市	鴨川市,天津小湊町	05.2.11
182	南房総市	富浦町,富山町,三芳村,白浜町,千倉町,丸山町,和田町	06.3.20
183	あきる野市	秋川市,五日市町	95.9.1
184	西東京市	田無市,保谷市	01.1.21

神奈川県 / 山梨県

No.	市町村	構成	日付
185	相模原市	相模原市,津久井町,相模湖町	06.3.20
186	相模原市	相模原市,城山町,藤野町	07.3.11
237	北杜市	明野村,須玉町,高根町,長坂町,大泉村,白州町,武川村	04.11.1
238	北杜市	北杜市,小淵沢町	06.3.15
239	甲斐市	竜王町,敷島町,双葉町	04.9.1
240	南アルプス市	八田村,白根町,芦安村,若草町,櫛形町,甲西町	03.4.1
241	中央市	豊富村,玉穂町,田富町	06.2.20
242	富士川町	増穂町,鰍沢町	10.3.8
243	市川三郷町	三珠町,市川大門町,六郷町	05.10.1
244	身延町	下部町,中富町,身延町	04.9.13
245	南部町	南部町,富沢町	03.3.1
246	甲府市	甲府市,中道町,上九一色村(北部)	06.3.1
247	山梨市	山梨市,牧丘町,三富村	05.3.22
248	甲州市	塩山市,勝沼町,大和村	05.11.1
249	笛吹市	春日居町,石和町,御坂町,一宮町,八代町,境川村	04.10.12
250	笛吹市	笛吹市,芦川村	06.8.1
251	富士河口湖町	河口湖町,勝山村,足和田村	03.11.15
252	富士河口湖町	富士河口湖町,上九一色村(南部)	06.3.1
253	上野原市	秋山村,上野原町	05.2.13

群馬県 / 埼玉県

No.	市町村	構成	日付
135	みなかみ町	月夜野町,水上町,新治村	05.10.1
136	中之条町	中之条町,六合村	10.3.28
137	沼田市	沼田市,白沢村,利根村	05.2.13
138	渋川市	渋川市,北橘村,赤城村,子持村,小野上村,伊香保町	06.2.20
139	東吾妻町	吾妻郡東村,吾妻町	06.3.27
140	みどり市	笠懸町,大間々町,勢多郡東村	06.3.27
141	桐生市	桐生市,新里村,黒保根村	05.6.13
142	前橋市	前橋市,大胡町,宮城村,粕川村	04.12.5
143	前橋市	前橋市,富士見村	09.5.5
144	高崎市	高崎市,倉渕村,群馬町,新町,箕郷町	06.1.23
145	高崎市	高崎市,榛名町	06.10.1
146	高崎市	高崎市,吉井町	09.6.1
147	安中市	安中市,松井田町	06.3.18
148	富岡市	富岡市,妙義町	06.3.27
149	太田市	太田市,尾島町,新田町,藪塚本町	05.3.28
150	伊勢崎市	伊勢崎市,赤堀町,佐波郡東村,境町	05.1.1
151	藤岡市	藤岡市,鬼石町	06.1.1
152	神流町	万場町,中里村	03.4.1
153	本庄市	本庄市,児玉町	06.1.10
154	神川町	神川町,神泉村	06.1.1
155	小鹿野町	小鹿野町,両神村	05.10.1
156	秩父市	秩父市,吉田町,大滝村,荒川村	05.4.1
157	深谷市	深谷市,岡部町,川本町,花園町	06.1.1
158	熊谷市	熊谷市,大里町,妻沼町	05.10.1
159	熊谷市	熊谷市,江南町	07.2.13
160	行田市	行田市,南河原村	06.1.1
161	ときがわ町	都幾川村,玉川村	06.2.1
162	飯能市	飯能市,名栗村	05.1.1

佐渡島 新潟 富山 長野 群馬 栃木 福島 埼玉 山梨 東京 神奈川 横浜 千葉 大島 前橋 甲府 宇都宮 水戸 茨城 大島 神津島 新島 東京 三宅島 御蔵島

536	宗像市	宗像市,玄海町	03.4.
537	宗像市	宗像市,大島村	05.
538	福津市	福間町,津屋崎町	05.
539	宮若市	宮田町,若宮町	06.2.
540	糸島市	前原市,二丈町,志摩町	10.1
541	飯塚市	飯塚市,筑穂町,穂波町,庄内町,頴田町	06.3
542	福智町	赤池町,金田町,方城町	06.3
543	みやこ町	犀川町,勝山町,豊津町	06.3
544	築上町	椎田町,築城町	06.1
545	上毛町	新吉富村,大平村	05.
546	筑前町	三輪町,夜須町	05.3
547	嘉麻市	山田市,稲築町,碓井町,嘉穂町	06.3
548	東峰村	小石原村,宝珠山村	05.3
549	朝倉市	甘木市,杷木町,朝倉町	06.3

佐賀県

562	吉野ヶ里	三田川町,東脊振村	06.3.1
563	みやき町	中原町,北茂安町,三根町	05.3.1
564	白石町	白石町,福富町,有明町	05.1.1
565	嬉野市	塩田町,嬉野町	06.1.1
566	武雄市	武雄市,山内町,北方町	06.3.1
567	有田町	有田町,西有田町	06.3.1

長崎県

568	対馬市	厳原町,美津島町,豊玉町,峰町,上県町,上対馬町	04.3.1
569	壱岐市	郷ノ浦町,勝本町,芦辺町,石田町	04.3.1
570	平戸市	平戸市,大島村,生月町,田平町	05.10.1
571	松浦市	松浦市,福島町,鷹島町	06.1.1
572	佐世保市	佐世保市,吉井町,世知原町	05.4.1
573	佐世保市	佐世保市,宇久町,小佐々町	06.3.31
574	佐世保市	佐世保市,江迎町,鹿町町	10.3.31
575	新上五島町	上五島町,有川町,新魚目町,若松町,奈良尾町	04.8.1
576	五島市	福江市,奈留町,岐宿町,三井楽町,玉之浦町,富江町	04.8.1
577	西海市	西彼町,西海町,大島町,崎戸町,大瀬戸町	05.4.1
578	長崎市	長崎市,香焼町,伊王島町,高島町,野母崎町,三和町,外海町	05.1.4
579	長崎市	長崎市,琴海町	06.1.4
580	諫早市	諫早市,多良見町,森山町,飯盛町,高来町,小長井町	05.3.1
581	雲仙市	国見町,吾妻町,愛野町,千々石町,小浜町,南串山町,瑞穂町	05.10.11
582	島原市	島原市,有明町	06.1.1
583	南島原市	加津佐町,北有馬町,西有家町,有家町,布津町,深江町,口之津町,南有馬町	06.3.31

熊本県

584	和水町	菊水町,三加和町	06.3.1
585	山鹿市	山鹿市,鹿北町,菊鹿町,鹿本町,鹿央町	05.1.15
586	玉名市	玉名市,岱明町,横島町,天水町	05.10.3
587	熊本市	熊本市,富合町	08.10.6
588	熊本市	熊本市,城南町,植木町	10.3.23
589	菊池市	菊池市,泗水町,旭志村,七城町	05.3.22
590	合志市	合志町,西合志町	06.2.27
591	阿蘇市	一の宮町,阿蘇町,波野村	05.2.11
592	南阿蘇村	白水村,久木野村,長陽村	05.2.13
593	山都町	矢部町,清和村,蘇陽町	05.2.11
594	美里町	中央町,砥用町	04.11.1
595	宇城市	三角町,不知火町,松橋町,小川町,豊野町	05.1.15
596	氷川町	竜北町,宮原町	05.10.1
597	上天草市	大矢野町,松島町,姫戸町,龍ヶ岳町	04.3.31
598	天草市	本渡市,牛深市,有明町,御所浦町,倉岳町,栖本町,新和町,五和町,天草町,河浦町	06.3.27
599	八代市	八代市,坂本村,千丁町,鏡町,東陽村,泉村	05.8.1
600	芦北町	田浦町,芦北町	05.1.1
601	あさぎり町	上村,免田町,岡原村,須恵村,深田村	03.4.1

鹿児島県

624	長島町	東町,長島町	06.3.20
625	出水市	出水市,野田町,高尾野町	06.3.13
626	伊佐市	大口市,菱刈町	08.11.1
627	さつま町	宮之城町,鶴田町,薩摩町	05.3.22
628	薩摩川内市	川内市,樋脇町,入来町,東郷町,祁答院町,里村,上甑村,下甑村,鹿島村	04.10.12
629	いちき串木野市	串木野市,市来町	05.10.11
630	湧水町	栗野町,吉松町	05.3.22
631	霧島市	国分市,溝辺町,横川町,牧園町,霧島町,隼人町,福山町	05.11.7
632	姶良市	加治木町,姶良町,蒲生町	10.3.23
633	日置市	東市来町,伊集院町,日吉町,吹上町	05.5.1
634	鹿児島市	鹿児島市,吉田町,桜島町,喜入町,松元町,郡山町	04.11.1
635	南さつま市	加世田市,笠沙町,大浦町,坊津町,金峰町	05.11.7
636	南九州市	頴娃町,知覧町,川辺町	07.12.1
637	指宿市	指宿市,山川町,開聞町	06.1.1
638	曽於市	大隅町,財部町,末吉町	05.7.1
639	志布志市	松山町,志布志町,有明町	06.1.1
640	鹿屋市	鹿屋市,輝北町,吾平町,串良町	06.1.1
641	肝付町	内之浦町,高山町	05.7.1
642	錦江町	大根占町,田代町	05.3.22
643	南大隅町	根占町,佐多町	05.3.31
644	屋久島町	上屋久町,屋久町	07.10.1
645	奄美市	名瀬市,住用村,笠利町	06.3.20

福岡県

550	久留米市	久留米市,田主丸町,北野町,城島町,三潴町	05.2.5
551	うきは市	吉井町,浮羽町	05.3.20
552	八女市	八女市,上陽町	06.10.1
553	八女市	八女市,黒木町,立花町,矢部村,星野村	10.2.1
554	柳川市	柳川市,大和町,三橋町	05.3.21
555	みやま市	瀬高町,山川町,高田町	07.1.29

佐賀県

556	唐津市	唐津市,浜玉町,厳木町,相知町,北波多村,肥前町,鎮西町,呼子町	05.1.1
557	唐津市	唐津市,七山村	06.1.1
558	小城市	小城市,三日月町,牛津町,芦刈町	05.3.1
559	佐賀市	佐賀市,諸富町,大和町,富士町,三瀬村	05.10.1
560	佐賀市	佐賀市,川副町,東与賀町,久保田町	07.10.1
561	神埼市	神埼町,千代田町,脊振村	06.3.20

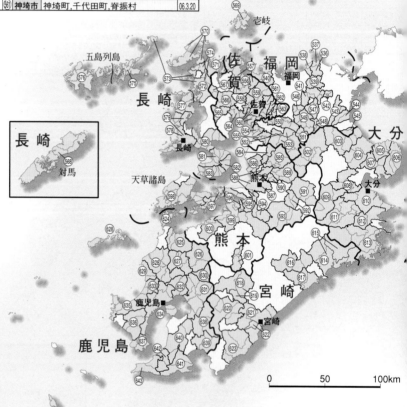

長崎

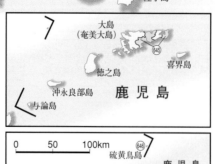

大分県

602	日田市	日田市,前津江村,中津江村,上津江村,大山町,天瀬町	05.3.22
603	中津市	中津市,三光村,本耶馬渓町,耶馬溪町,山国町	05.3.1
604	宇佐市	宇佐市,院内町,安心院町	05.3.31
605	豊後高田市	豊後高田市,真玉町,香々地町	05.3.31
606	国東市	国見町,国東町,武蔵町,安岐町	06.3.31
607	杵築市	杵築市,大田村,山香町	05.10.1
608	由布市	挾間町,庄内町,湯布院町	05.10.1
609	竹田市	竹田市,荻町,久住町,直入町	05.4.1
610	大分市	大分市,佐賀関町,野津原町	05.1.1
611	豊後大野市	三重町,清川村,緒方町,朝地町,大野町,千歳村,犬飼町	05.3.31
612	臼杵市	臼杵市,野津町	05.1.1
613	佐伯市	佐伯市,上浦町,弥生町,本匠村,宇目町,直川村,鶴見町,米水津村,蒲江町	05.3.3

宮崎県

614	延岡市	延岡市,北方町,北浦町	06.2.20
615	延岡市	延岡市,北川町	07.3.31
616	美郷町	南郷村,西郷村,北郷村	06.1.1
617	日向市	日向市,東郷町	06.2.25
618	小林市	小林市,須木村	06.3.20
619	小林市	小林市,野尻町	10.3.23
620	都城市	都城市,山之口町,高城町,山田町,高崎町	06.1.1
621	宮崎市	宮崎市,田野町,佐土原町,高岡町	06.1.1
622	宮崎市	宮崎市,清武町	10.3.23
623	日南市	日南市,北郷町,南郷町	09.3.30

沖縄県

646	久米島町	具志川村,仲里村	02.4.1
647	うるま市	石川市,具志川市,与那城町,勝連町	05.4.1
648	南城市	玉城村,知念村,佐敷町,大里村	06.1.1
649	八重瀬町	東風平町,具志頭村	06.1.1
650	宮古島市	平良市,城辺町,伊良部町,下地町,上野村	05.10.1

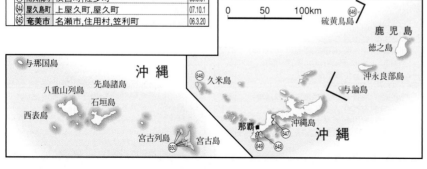

474	萩市	萩市,川上村,田万川町,むつみ村,須佐町,旭村,福栄村	05.3.6
475	長門市	長門市,三隅町,日置町,油谷町	05.3.22
476	下関市	下関市,菊川町,豊田町,豊浦町,豊北町	05.2.13
477	美祢市	美祢市,美東町,秋芳町	08.3.21
478	宇部市	宇部市,楠町	04.11.1
479	山陽小野田市	小野田市,山陽町	05.3.22
480	山口市	山口市,徳地町,秋穂町,小郡町,阿知須町	05.10.1
481	山口市	山口市,阿東町	10.1.16
482	周南市	徳山市,新南陽市,熊毛町,鹿野町	03.4.21
483	岩国市	岩国市,由宇町,本郷村,周東町,錦町,美川町,美和町,玖珂町	06.3.20
484	光市	光市,大和町	04.10.4
485	柳井市	柳井市,大畠町	05.2.21
486	防府大島町	久賀町,大島町,東和町,橘町	04.10.1

3大合併と市町村数の変遷

平成の大合併

○地方分権を推進するための合併
・平成7(1995)年から市町村及び住民による自主的な推進
・高齢化,多様化する住民ニーズ,生活圏の広域化に適切かつ効率的に対応できる体制の整備
・2005年3月までに合併を決定した市町村には,市の要件,議員の任期・定数,地方交付税額,地方債の発行などで優遇措置を受けることができる
―合併までの大まかな流れ―
・(法定)合併協議会の設置←各市町村議会の議決
↓
・都道府県知事への申請(都道府県知事への申請)
↓
・都道府県知事による決定←都道府県議会の議決
(総務大臣への届出)
↓
・総務大臣による告示
↓
・市町村数は3,232(1999年3月)から1,727(2010年3月)へ

※2021年4月の市町村数は1,718

明治の大合併

○近代的地方制度の導入のための合併
・明治21(1888)年から国主導で推進
・自然発生的な町村を減らし行財政機能を充実
・市町村数は71,314から15,859へ

昭和の大合併

○大戦後の地方自治確立のための合併
・昭和28(1953)年から国と都道府県主導で推進
・多くの事務や権限(新制中学の設置,社会福祉や保健衛生など)の円滑な運営体制の整備
・市町村数は9,868から3,472へ

□ 2021年4月1日までの合併市町村
■ 都・道・府・県庁の所在地
― 都道府県界
― 合併後の市町村界 ＝ 旧市町村界

鳥取県

406	八頭町	郡家町,船岡町,八東町	05.3.31
407	鳥取市	鳥取市,国府町,福部村,河原町,用瀬町,佐治村,気高町,鹿野町,青谷町	04.11.1
408	湯梨浜町	羽合町,泊村,東郷町	04.10.1
409	北栄町	北条町,大栄町	05.10.1
410	琴浦町	東伯町,赤碕町	04.9.1
411	倉吉市	倉吉市,関金町	05.3.22
412	大山町	大山町,名和町,中山町	05.3.28
413	米子市	米子市,淀江町	05.3.31
414	伯耆町	岸本町,溝口町	05.1.1
415	南部町	西伯町,会見町	04.10.1

島根県

416	隠岐の島町	西郷町,布施村,五箇村,都万村	04.10.1
417	松江市	松江市,鹿島町,島根町,美保関町,八雲村,玉湯町,宍道町,八束町	05.3.31
418	松江市	松江市,東出雲町	11.8.1
419	安来市	安来市,広瀬町,伯太町	04.10.1
420	出雲市	出雲市,平田市,佐田町,多伎町,湖陵町,大社町	05.3.22
421	出雲市	出雲市,斐川町	11.10.1
422	雲南市	大東町,加茂町,木次町,三刀屋町,吉田村,掛合町	04.11.1
423	奥出雲町	仁多町,横田町	05.3.31
424	大田市	大田市,温泉津町,仁摩町	05.10.1
425	飯南町	頓原町,赤来町	05.1.1
426	美郷町	邑智町,大和村	04.10.1
427	江津市	江津市,桜江町	04.10.1
428	邑南町	羽須美村,瑞穂町,石見町	04.10.1
429	浜田市	浜田市,金城町,旭町,弥栄村,三隅町	05.10.1
430	益田市	益田市,美都町,匹見町	04.11.1
431	津和野町	津和野町,日原町	05.9.25
432	吉賀町	柿木村,六日市町	05.10.1

広島県・愛媛県

503	丸亀市	丸亀市,綾歌町,飯山町	05.3.22
504	まんのう町	琴南町,満濃町,仲南町	06.3.20
505	三豊市	高瀬町,山本町,豊中町,財田町,仁尾町,三野町,詫間町	06.1.1
506	観音寺市	観音寺市,大野原町,豊浜町	05.10.11
507	上島町	魚島村,弓削町,生名村,岩城村	04.10.1
508	今治市	今治市,朝倉村,玉川町,波方町,大西町,菊間町,吉海町,宮窪町,伯方町,上浦町,大三島町,関前村	05.1.16
509	四国中央市	川之江市,伊予三島市,新宮村,土居町	04.4.1
510	新居浜市	新居浜市,別子山村	03.4.1
511	西条市	西条市,東予市,小松町,丹原町	04.11.1
512	東温市	重信町,川内町	04.9.21
513	松山市	松山市,北条市,中島町	05.1.1
514	砥部町	砥部町,広田村	05.1.1
515	伊予市	伊予市,中山町,双海町	05.4.1
516	久万高原町	久万町,面河村,美川村,柳谷村	04.8.1
517	内子町	小田町,五十崎町,内子町	05.1.1
518	大洲市	大洲市,長浜町,肱川町,河辺村	05.1.11
519	伊方町	伊方町,瀬戸町,三崎町	05.4.1
520	八幡浜市	八幡浜市,保内町	05.3.28
521	西予市	明浜町,宇和町,野村町,城川町,三瓶町	04.4.1
522	鬼北町	広見町,日吉村	05.1.1
523	宇和島市	宇和島市,吉田町,三間町,津島町	05.8.1
524	愛南町	内海村,御荘町,城辺町,一本松町,西海町	04.10.1

高知県

525	香美市	土佐山田町,香北町,物部村	06.3.1
526	香南市	赤岡町,香我美町,野市町,夜須町,吉川村	06.3.1
527	高知市	高知市,鏡村,土佐山村	05.1.1
528	高知市	高知市,春野町	08.1.1
529	いの町	本川村,伊野町,吾北村	04.10.1
530	仁淀川町	池川町,吾川村,仁淀村	05.8.1
531	津野町	東津野村,葉山村	05.2.1
532	中土佐町	中土佐町,大野見村	06.1.1
533	四万十町	窪川町,大正町,十和村	06.3.20
534	黒潮町	佐賀町,大方町	06.3.20
535	四万十市	中村市,西土佐村	05.4.10

広島県

456	廿日市市	廿日市市,佐伯町,吉和村	03.3.1
457	廿日市市	廿日市市,大野町,宮島町	05.11.3
458	江田島市	江田島町,能美町,沖美町,大柿町	04.11.1
459	広島市	広島市,湯来町	05.4.25
460	呉市	呉市,下蒲刈町	03.4.1
461	呉市	呉市,川尻町	04.4.1
462	呉市	呉市,音戸町,倉橋町,蒲刈町,安浦町,豊浜町,豊町	05.3.20
463	東広島市	東広島市,黒瀬町,福富町,豊栄町,河内町,安芸津町	05.2.7
464	大崎上島町	大崎町,東野町,木江町	03.4.1
465	三原市	三原市,本郷町,久井町,大和町	05.3.22
466	世羅町	甲山町,世羅町,世羅西町	04.10.1
467	神石高原町	油木町,神石町,豊松村,神石郡三和町	04.11.5
468	府中市	府中市,上下町	04.4.1
469	尾道市	尾道市,御調町,向島町	05.3.28
470	尾道市	尾道市,因島市,瀬戸田町	06.1.10
471	福山市	福山市,内海町,新市町	03.2.3
472	福山市	福山市,沼隈町	05.2.1
473	福山市	福山市,神辺町	06.3.1

徳島県

487	三好市	池田町,山城町,東祖谷山村,西祖谷山村,三野町,井川町	06.3.1
488	東みよし町	三好町,三加茂町	06.3.1
489	つるぎ町	半田町,貞光町,一宇村	05.3.1
490	美馬市	脇町,美馬町,穴吹町,木屋平村	05.3.1
491	阿波市	吉野町,土成町,市場町,阿波町	05.4.1
492	吉野川市	鴨島町,川島町,山川町,美郷町	04.10.1
493	那賀町	鷲敷町,相生町,上那賀町,木沢村,木頭村	05.3.1
494	阿南市	阿南市,那賀川町,羽ノ浦町	06.3.20
495	美波町	由岐町,日和佐町	06.3.31
496	海陽町	海南町,海部町,宍喰町	06.3.31

香川県

497	小豆島町	内海町,池田町	06.3.21
498	東かがわ市	引田町,白鳥町,大内町	03.4.1
499	さぬき市	津田町,大川町,志度町,寒川町,長尾町	02.4.1
500	高松市	高松市,塩江町	05.9.26
501	高松市	高松市,牟礼町,庵治町,香川町,香南町,国分寺町	06.1.10
502	綾川町	綾上町,綾南町	06.3.21

岡山県

433	鏡野町	富村,奥津町,上齋原村,鏡野町	05.3.1
434	津山市	津山市,加茂町,阿波村,勝北町,久米町	05.2.28
435	真庭市	北房町,勝山町,落合町,湯原町,久世町,美甘村,川上村,八束村,中和村	05.3.31
436	新見市	新見市,大佐町,神郷町,哲多町,哲西町	05.3.31
437	高梁市	高梁市,有漢町,成羽町,川上町,備中町	04.10.1
438	吉備中央町	加茂川町,賀陽町	04.10.1
439	美咲町	中央町,旭町,柵原町	05.3.22
440	美作市	勝田町,大原町,東栗倉村,美作町,作東町,英田町	05.3.31
441	和気町	佐伯町,和気町	06.3.1
442	赤磐市	山陽町,赤坂町,熊山町,吉井町	05.3.7
443	備前市	備前市,日生町,吉永町	05.3.22
444	瀬戸内市	牛窓町,邑久町,長船町	04.11.1
445	岡山市	岡山市,御津町,灘崎町	05.3.22
446	岡山市	岡山市,建部町,瀬戸町	07.1.22
447	総社市	総社市,山手村,清音村	05.3.22
448	井原市	井原市,美星町,芳井町	05.3.1
449	浅口市	金光町,鴨方町,寄島町	06.3.21
450	倉敷市	倉敷市,船穂町,真備町	05.8.1

広島県

451	庄原市	庄原市,総領町,西城町,口和町,高野町,比和町,東城町	05.3.31
452	三次市	三次市,甲奴町,君田村,布野村,作木村,吉舎町,三良坂町,双三郡三和町	04.4.1
453	安芸高田市	吉田町,八千代町,美土里町,高宮町,甲田町,向原町	04.3.1
454	北広島町	芸北町,大朝町,千代田町,豊平町	05.2.1
455	安芸太田町	加計村,筒賀村,戸河内町	04.10.1

世界の国旗

*国旗は、2021年4月現在。
197か国。
*国旗は、一部を除いて国連
が使用している縦横比2:3
の大きさで掲載した。
*国名の右の青の数字は、
その国の地図が記載されて
いるページを示している。
*国名の後の3文字は、IOC
（国際オリンピック委員会）
コード（オリンピックで用い
られる国名の略称）。一部
の国・地域にはない。
*人口・面積は、2019年。
(18)は西暦で2けたの年次。
*国連未加盟国はコソボ、バ
チカン、クック諸島、ニウエ。

国際連合旗

北極中心の世界地図を平和の象徴
であるオリーブの葉で囲んだもの。
1947年10月制定。

オリンピック旗

五輪旗は1920年のアントワープ大
会より使用され、五つの輪は世界
の5大陸を示す。

赤十字旗

赤十字旗は1863年アンリ＝デュナンの提唱で作られた。彼の
母国スイスの旗の色を逆にしたもの。イスラーム諸国ではイ
スラームの象徴である三日月（新月）に変えた赤新月旗が用い
られる。

赤新月旗

アジア

*47国

アゼルバイジャン AZE P. 28
Azerbaijan

首都 バクー
人口 1,002万人
面積 8.7万km²
通貨単位 アゼルバイジャン・マナト
主要言語 アゼルバイジャン語
主要宗教 イスラーム（シーア派，スンナ派）
国花 ―，国鳥 ―

中央の三日月と星はイスラームの国であるこ
とを表している。

アフガニスタン AFG P. 26
Afghanistan

首都 カブール
人口 3,072万人
面積 65.3万km²
通貨単位 アフガニー
主要言語 ダリー語，パシュトゥー語
主要宗教 イスラーム（スンナ派，シーア派）
国花 赤チューリップ，国鳥 ―

アフガニスタン暫定行政機構の国旗として、
新たに制定された。

アラブ首長国連邦 UAE P. 26
United Arab Emirates

首都 アブダビ
人口 936万人(18)
面積 7.1万km²
通貨単位 UAEディルハム
主要言語 アラビア語
主要宗教 イスラーム（スンナ派），ヒンドゥー教
国花 ―，国鳥 ―

緑は豊かな国土、白は清浄な生活、黒は過酷
な戦争、赤は血生臭い過去の歴史を表す。

アルメニア ARM P. 28
Armenia

首都 エレバン
人口 296万人
面積 3.0万km²
通貨単位 ドラム
主要言語 アルメニア語
主要宗教 アルメニア教会
国花 ―
国鳥 ―

赤は血、青は空・希望・国土、オレンジは
小麦と神の恵み・民衆の勇気を表している。

イエメン YEM P. 25～26
Yemen

首都 サヌア
人口 2,817万人(17)
面積 52.8万km²
通貨単位 イエメン・リアル
主要言語 アラビア語
主要宗教 イスラーム（スンナ派，シーア派）
国花 ―，国鳥 ―

赤は独立への情熱、白は平和と未来への希望、
黒は過去の支配からの勝利を表す。

イスラエル ISR P. 27
Israel

首都 エルサレム
人口 905万人
面積 2.2万km²
通貨単位 新シェケル
主要言語 ヘブライ語，アラビア語
主要宗教 ユダヤ教，イスラーム
国花 オリーブ
国鳥 ―

星は「ダビデの星」でユダヤの伝統的なシンボ
ル、青は空、白は清浄。

イラク IRQ P. 28
Iraq

首都 バグダッド
人口 3,883万人
面積 43.5万km²
通貨単位 イラク・ディナール
主要言語 アラビア語，クルド語
主要宗教 イスラーム（シーア派，スンナ派）
国花 紅バラ，国鳥 ―

赤は勇気、白は寛大さ、黒はイスラームの伝
統、アラビア文字は「神は偉大なり」を表す。

イラン IRI P. 25～26
Iran

首都 テヘラン
人口 8,307万人
面積 162.9万km²
通貨単位 イラン・リアル
主要言語 ペルシア語
主要宗教 イスラーム（シーア派）
国花 バラ
国鳥 ―

緑と赤の帯の所にあるアラビア文字は「神は
偉大なり」を22回繰り返している。

インド IND P. 23～24
India

首都 デリー
人口 131,224万人
面積 328.7万km²
通貨単位 インド・ルピー
主要言語 ヒンディー語，英語
主要宗教 ヒンドゥー教，イスラーム
国花 ハス
国鳥 インドクジャク

オレンジはヒンドゥー教、緑はイスラーム、白
は両方の和合を表し、中央の紋章はチャクラ。

インドネシア INA P. 19～20
Indonesia

首都 ジャカルタ
人口 26,691万人
面積 191.1万km²
通貨単位 ルピア
主要言語 インドネシア語
主要宗教 イスラーム，キリスト教
国花 マツリカ
国鳥 ―

赤は自由と勇気を、白は正義と純血を、また
同時に赤と白は太陽と月も意味している。

ウズベキスタン UZB P. 49
Uzbekistan

首都 タシケント
人口 3,325万人
面積 44.9万km²
通貨単位 スム
主要言語 ウズベク語，ロシア語
主要宗教 イスラーム（スンナ派）
国花 ―
国鳥 ―

青地に白の三日月と星はイスラームのシンボ
ルである。

オマーン OMA P. 26
Oman

首都 マスカット
人口 461万人
面積 31.0万km²
通貨単位 オマーン・リアル
主要言語 アラビア語
主要宗教 イスラーム（イバード派）
国花 ―
国鳥 ―

赤は新生オマーンを、白は平和、緑は農作物
を表し、紋章は剣を交差したもの。

カザフスタン KAZ P. 49
Kazakhstan

首都 ヌルスルタン
人口 1,851万人
面積 272.5万km²
通貨単位 テンゲ
主要言語 カザフ語，ロシア語
主要宗教 イスラーム（スンナ派），キリスト教
国花 ―，国鳥 ―

左端の文様は民族の伝統装飾、太陽と鷲は希
望と自由を表す。

カタール QAT P. 28
Qatar

首都 ドーハ
人口 279万人
面積 1.2万km²
通貨単位 カタール・リヤル
主要言語 アラビア語
主要宗教 イスラーム（スンナ派），キリスト教
国花 ―，国鳥 ―

白は平和を、赤茶色は戦争で流した血を、九つ
の波形はイギリスからの独立時の部族数を表す。

カンボジア CAM P. 21
Cambodia

首都 プノンペン
人口 1,528万人
面積 18.1万km²
通貨単位 リエル
主要言語 カンボジア語（クメール語）
主要宗教 仏教
国花 イネ
国鳥 ―

青は王室の色、赤は国民の色で、中央の建物
はアンコールワットを表す。

キプロス CYP P. 25
Cyprus

首都 ニコシア
人口 87万人
面積 9,251km²
通貨単位 ユーロ
主要言語 ギリシャ語，トルコ語
主要宗教 ギリシャ正教，イスラーム
国花 ―
国鳥 ―

黄金の国の形は銅資源を示し、オリーブの枝
はトルコ系とギリシャ系両民の融和を表す。

キルギス KGZ P. 49
Kyrgyz

首都 ビシュケク
人口 639万人
面積 20.0万km²
通貨単位 ソム
主要言語 キルギス語，ロシア語
主要宗教 イスラーム（スンナ派），キリスト教（ロシア正教）
国花 ―，国鳥 ―

輝く太陽とキルギス人の移動式住居「ユルト」
を表している。

クウェート KUW　P.28
Kuwait

首都 クウェート
人口 442万人
面積 1.8万km²
通貨単位 クウェート・ディナール
主要言語 アラビア語
主要宗教 イスラーム(スンナ派,
　　　　　シーア派),キリスト教
国花 ――, 国鳥 ――

緑・白・黒は各王朝を,赤はアラブ社会の基
盤を形成する血縁を表す。

シリア SYR　P.27〜28
Syria

首都 ダマスカス
人口 1,799万人(15)
面積 18.57万km²
通貨単位 シリア・ポンド
主要言語 アラビア語,クルド語
主要宗教 イスラーム(スンナ派)
国花 ダマスクローズ

赤は剣を,白は善を,黒は戦いを示し,緑の
星は美しい大地とアラブの一致を表す。

タ イ THA　P.21〜22
Thailand

首都 バンコク
人口 6,637万人
面積 51.3万km²
通貨単位 バーツ
主要言語 タイ語
主要宗教 仏教
国花 ナンバンサイカチ

青はタイ王室の色で,赤は国家を表し,白は純
潔を意味する。

中華人民共和国 CHN　P.9〜10
People's Republic of China

首都 ペキン(北京)
人口 142,949万人
面積 960.1万km²
通貨単位 元
主要言語 標準中国語,
　　　　　中国語7地域方言
主要宗教 道教,仏教
国花 ボタン, 国鳥 ――

大きい星は党,小さい星は労働者,農民,知
識階級,愛国的資本家を表す。

トルコ TUR　P.25
Turkey

首都 アンカラ
人口 8,237万人
面積 78.4万km²
通貨単位 リラ
主要言語 トルコ語,クルド語
主要宗教 イスラーム(スンナ派)
国花 チューリップ
国鳥 ――

三日月と星はこの国の故事に由来し,進歩・
独立などの意味が含まれている。

パキスタン PAK　P.23
Pakistan

首都 イスラマバード
人口 20,777万人(17)
面積 79.6万km²
通貨単位 パキスタン・ルピー
主要言語 ウルドゥー語,英語
主要宗教 イスラーム(スンナ派)
国花 ジャスミン

緑はイスラーム,白い三日月と星は平和・知
識・進歩・発展などを表す。

東ティモール TLS　P.20
Timor-Leste

首都 ディリ
人口 128万人
面積 1.5万km²
通貨単位 米ドル
主要言語 テトゥン語,ポルトガル語
国花 ――
国鳥 ――

黒は植民地時代,黄は独立への戦い,赤は民
衆が流した血,星は未来への希望を表す。

ブルネイ BRU　P.22
Brunei

首都 バンダルスリブガワン
人口 46万人
面積 5,765km²
通貨単位 ブルネイ・ドル
主要言語 マレー語
主要宗教 イスラーム

黄は石油や天然ガスなど豊富な天然資源を,
中央の紋章はイスラーム国であることを示す。

サウジアラビア KSA　P.25〜26
Saudi Arabia

首都 リヤド
人口 3,421万人
面積 220.7万km²
通貨単位 サウジ・リヤル
主要言語 アラビア語
主要宗教 イスラーム(スンナ派)
国花 バラ
国鳥 ――

文字はコーランの一節で,剣は聖地メッカの
守護を意味する。緑はイスラームの色。

シンガポール SIN　P.22
Singapore

首都 シンガポール
人口 570万人
面積 725km²
通貨単位 シンガポール・ドル
主要言語 マレー語,中国語,
　　　　　タミル語,英語
主要宗教 仏教,キリスト教
国花 パンダ(ラン), 国鳥 ――

赤は平等,白は純粋性,五つの星と月は自由・
平和・進歩・平等・公正への歩みを表す。

大韓民国 KOR　P.17〜18
Republic of Korea

首都 ソウル
人口 5,133万人
面積 10.0万km²
通貨単位 韓国ウォン
主要言語 韓国語
主要宗教 キリスト教,仏教
国花 ムクゲ
国鳥 カササギ

中央の巴は太極といって宇宙を表し,四隅の
卦は天,地,水,火を表す。

朝鮮民主主義人民共和国 PRK　P.17
Democratic People's Republic of Korea

首都 ピョンヤン(平壌)
人口 2,518万人(15)
面積 12.1万km²
通貨単位 北朝鮮ウォン
主要言語 朝鮮語
主要宗教 仏教,キリスト教
国花 スモモ
国鳥 ――

赤と青は朝鮮の伝統的な色で,赤い星は共産
主義のシンボルである。

日本 JPN　P.70〜118
Japan

首都 東京
人口 12,626万人
面積 37.8万km²
通貨単位 円
主要言語 日本語
主要宗教 神道,仏教,キリスト教など
国花 ヤマザクラ
国鳥 キジ

「日の丸」「日章旗」ともいわれ,太陽を表徴し
たもの。民間では明治の初めから使用。

バーレーン BRN　P.28
Bahrain

首都 マナーマ
人口 148万人
面積 778km²
通貨単位 バーレーン・ディナール
主要言語 アラビア語
主要宗教 イスラーム(シーア派,
　　　　　スンナ派),キリスト教
国花 ――, 国鳥 ――

赤と白は1820年ペルシア湾岸諸国とイギリス
との間で結んだ条約に基づいている。

フィリピン PHI　P.19〜20
Philippines

首都 マニラ
人口 10,728万人
面積 30.0万km²
通貨単位 フィリピン・ペソ
主要言語 フィリピノ語,英語
主要宗教 カトリック
国花 マツリカ
国鳥 ――

白三角は解放運動,太陽は自由を,三つの星
は主要な島を,赤は勇気,青は平和を表す。

ベトナム VIE　P.21〜22
Viet Nam

首都 ハノイ
人口 9,620万人
面積 33.1万km²
通貨単位 ドン
主要言語 ベトナム語
主要宗教 仏教,カトリック
国花 ――
国鳥 ――

赤は独立のため流した血,黄星は社会主義,5本
の光は労働者,農民,兵士,青年,知識人を表す。

ジョージア GEO　P.52
Georgia

首都 トビリシ
人口 372万人
面積 7.0万km²
通貨単位 ラリ
主要言語 ジョージア語
主要宗教 ジョージア正教,イスラーム
国花 ――
国鳥 ――

守護聖人セントジョージ十字章に,さらに四つの
十字を配して,キリスト教国であることを表す。

スリランカ SRI　P.23
Sri Lanka

首都 スリジャヤワルダナプラコッテ
人口 2,180万人
面積 6.6万km²
通貨単位 スリランカ・ルピー
主要言語 シンハラ語,タミル語
主要宗教 仏教,ヒンドゥー教
国花 ハス
国鳥 セイロンヤケイ

剣を持つライオンはこの国のシンボル,緑は
ムーア人,オレンジはタミル人を表す。

タジキスタン TJK　P.26
Tajikistan

首都 ドゥシャンベ
人口 912万人
面積 14.37万km²
通貨単位 ソモニ
主要言語 タジク語,ロシア語
主要宗教 イスラーム(スンナ派)
国花 ――
国鳥 ――

赤は勝利・労働者,白は綿花・純血,緑は
農産物とイスラームを表している。

トルクメニスタン TKM　P.26
Turkmenistan

首都 アシガバット
人口 556万人(15)
面積 48.8万km²
通貨単位 トルクメン・マナト
主要言語 トルクメン語,ロシア語
主要宗教 イスラーム(スンナ派)
国花 ――
国鳥 ――

緑に三日月と星はイスラームを,左端の装飾
文様は五つの主要民族を表す。

ネパール NEP　P.23〜24
Nepal

首都 カトマンズ
人口 2,961万人
面積 14.7万km²
通貨単位 ネパール・ルピー
主要言語 ネパール語
主要宗教 ヒンドゥー教,仏教
国花 シャクナゲ
国鳥 ロホホラス

三角を重ねた珍しい旗。月と太陽はヒンドゥー
教を,そして国の永遠の発展を表す。

バングラデシュ BAN　P.24
Bangladesh

首都 ダッカ
人口 16,650万人
面積 14.8万km²
通貨単位 タカ
主要言語 ベンガル語
主要宗教 イスラーム(スンナ派),
　　　　　ヒンドゥー教
国花 スイレン, 国鳥 ――

緑は農業とイスラームを,赤丸は独立時に流
された戦士の血を表す。

ブータン BHU　P.24
Bhutan

首都 ティンプー
人口 74万人
面積 3.8万km²
通貨単位 ヌルタム
主要言語 ゾンカ語,ネパール語
主要宗教 チベット仏教,ヒンドゥー教
国花 ――
国鳥 ――

龍は守護神で王家の象徴,左上の色は王家の
権威,右下のオレンジは仏教を表す。

マレーシア MAS　P.22
Malaysia

首都 クアラルンプール
人口 3,258万人
面積 33.1万km²
通貨単位 リンギット
主要言語 マレー語,英語,中国語
主要宗教 イスラーム,仏教
国花 ハイビスカス
国鳥 ――

14本の赤と白の線は州の数を,月と星はこの
国がイスラーム国であることを表す。

ミャンマー MYA　P. 21
Myanmar

首都 ネーピードー
人口 5,434万人
面積 67.7万km²
通貨単位 チャット
主要言語 ミャンマー語（ビルマ語）
主要宗教 仏教
国花 サラノキ
国鳥 ——

黄は団結，緑は平和，赤は勇気，中央の
白い星は国家の永続性を表す。

モルディブ MDV　P. 23
Maldives

首都 マレ
人口 53万人
面積 300km²
通貨単位 ルフィア
主要言語 ディヴェヒ語
主要宗教 イスラーム（スンナ派）
国花 ——
国鳥 ——

三日月と緑はイスラームのシンボルで，赤は
独立の戦いに流された血を表す。

モンゴル MGL　P. 9～10
Mongolia

首都 ウランバートル
人口 326万人
面積 156.4万km²
通貨単位 トゥグルグ
主要言語 モンゴル語
主要宗教 仏教（おもにチベット仏教）
国花 ——
国鳥 ——

左側の紋様は伝統的なソヨンボ（蓮台）で，炎，
太陽と月，槍と矢じり，2匹の魚を表す。

ヨルダン JOR　P. 27～28
Jordan

首都 アンマン
人口 1,055万人
面積 8.9万km²
通貨単位 ヨルダン・ディナール
主要言語 アラビア語
主要宗教 イスラーム（スンナ派）
国花 ナツメヤシ
国鳥 ——

赤はムハンマド，他の3色はイスラーム王朝
の色。白い星はコーランの一節を示す。

ラオス LAO　P. 21
Laos

首都 ビエンチャン
人口 712万人
面積 23.7万km²
通貨単位 キープ
主要言語 ラオ語
主要宗教 仏教
国花 インドソケイ
国鳥 ——

赤は人民の連帯，青は国土，白丸は英知と純
潔を表す。

レバノン LIB　P. 27
Lebanon

首都 ベイルート
人口 653万人[15]
面積 1.0万km²
通貨単位 レバノン・ポンド
主要言語 アラビア語
主要宗教 イスラーム（スンナ派，
シーア派），キリスト教
国花 レバノンスギ，国鳥 ——

赤は勇気と犠牲，白は平和を表し，中央は国
の象徴であるレバノン杉。

アフリカ

*54国
（注1）アフリカ金融共同体フラン

アルジェリア ALG　P. 29～30
Algeria

首都 アルジェ
人口 4,341万人
面積 238.2万km²
通貨単位 アルジェリア・ディナール
主要言語 アラビア語，アマジグ語
主要宗教 イスラーム（スンナ派）

白は純粋性，緑は勇気を表し，イスラームの
シンボル月と星の赤は改革で流した血を表す。

アンゴラ ANG　P. 30
Angola

首都 ルアンダ
人口 3,017万人
面積 124.7万km²
通貨単位 クワンザ
主要言語 ポルトガル語，ウンブンド語
主要宗教 カトリック，独立派キリスト
国花 ——
国鳥 ——

赤は独立の闘争，黒はアフリカ大陸，黄は国
の富，鉈（なた）は農業，歯車は工業化を表す。

ウガンダ UGA　P. 30
Uganda

首都 カンパラ
人口 4,030万人
面積 24.2万km²
通貨単位 ウガンダ・シリング
主要言語 英語，スワヒリ語
主要宗教 キリスト教，イスラーム
国花 ——
国鳥 カンムリヅル

黒は黒人，黄は太陽，赤は兄弟・同胞愛を表
し，中央に国鳥のカンムリヅルを配している。

エジプト EGY　P. 30
Egypt

首都 カイロ
人口 9,890万人
面積 100.2万km²
通貨単位 エジプト・ポンド
主要言語 アラビア語
主要宗教 イスラーム（スンナ派），
キリスト教（コプト派）
国花 スイレン，国鳥 ——

赤は革命と国民の犠牲，白は国の明るい未来，
黒は抑圧されていた歳月を表す。中央は国章。

エスワティニ SWZ　P. 29
Eswatini

首都 ムババーネ
人口 117万人
面積 1.7万km²
通貨単位 リランゲニ
主要言語 スワティ語，英語
主要宗教 キリスト教
国花 ——
国鳥 ——

青は平和，黄は鉱物資源，赤は自由への闘争，
中央には戦士の盾，槍を配している。

エチオピア ETH　P. 30
Ethiopia

首都 アディスアベバ
人口 9,853万人
面積 110.4万km²
通貨単位 ブル
主要言語 アムハラ語
主要宗教 エチオピア教会，
イスラーム
国花 オランダカイウ，国鳥 ——

中央の紋章は「ソロモンの星」，緑，黄，赤は
「ノアの方舟」の話に出てくる虹にちなむ。

エリトリア ERI　P. 30
Eritrea

首都 アスマラ
人口 337万人
面積 12.1万km²
通貨単位 ナクファ
主要言語 ティグリニャ語，
アラビア語，英語
主要宗教 イスラーム，キリスト教
国花 ——，国鳥 ——

緑は農産物の恵み，青は紅海，赤は血，オリ
ーブは自治独立・未来への展望を表す。

ガーナ GHA　P. 29～30
Ghana

首都 アクラ
人口 3,028万人
面積 23.9万km²
通貨単位 セディ
主要言語 英語，アサンテ語
主要宗教 キリスト教，イスラーム
国花 ナツメヤシ
国鳥 ——

赤は独立のために戦った人々，黄は富と地下
資源，緑は豊かな森林と農耕地を表す。

カーボベルデ CPV　P. 29
Cabo Verde

首都 プライア
人口 55万人
面積 4,033km²
通貨単位 エスクード
主要言語 ポルトガル語，
クレオール語
主要宗教 カトリック
国花 ——，国鳥 ——

青は海，白は平和，赤は独立のために流され
た血，星は10の主な島々を表す。

ガボン GAB　P. 30
Gabon

首都 リーブルビル
人口 194万人[15]
面積 26.8万km²
通貨単位 ＣＦＡフラン[注1]
主要言語 フランス語，ファン語
主要宗教 カトリック，プロテスタント
国花 カエンボク
国鳥 ——

緑は森林，黄は赤道直下の太陽，青は海を表
している。

カメルーン CMR　P. 30
Cameroon

首都 ヤウンデ
人口 2,549万人
面積 47.6万km²
通貨単位 ＣＦＡフラン[注1]
主要言語 フランス語，英語
主要宗教 カトリック，プロテスタント
国花 ——
国鳥 ——

緑は南の森林，黄は北のサバナ，赤は耕作地
域，星は栄光を表す。

ガンビア GAM　P. 29
Gambia

首都 バンジュール
人口 221万人
面積 1.1万km²
通貨単位 ダラシ
主要言語 英語，マンディンカ語
主要宗教 イスラーム
国花 ——

赤は太陽と周囲の国々との友好，青はガンビ
ア川，緑は主要産業である農業を表す。

ギニア GUI　P. 29
Guinea

首都 コナクリ
人口 1,221万人
面積 24.6万km²
通貨単位 ギニア・フラン
主要言語 フランス語，フラ語
主要宗教 イスラーム（スンナ派）
国花 ——
国鳥 ——

赤は生命の源である太陽，黄は黄金とアフリ
カの光，緑は木と農産物を表す。

ギニアビサウ GBS　P. 29
Guinea-Bissau

首都 ビサウ
人口 160万人
面積 3.6万km²
通貨単位 ＣＦＡフラン[注1]
主要言語 ポルトガル語，クレオール語
主要宗教 イスラーム，キリスト教

アフリカ新興国特有の赤・黄・緑に，これも
アフリカのシンボルである黒星を配したもの。

ケニア KEN　P. 30
Kenya

首都 ナイロビ
人口 4,756万人
面積 59.2万km²
通貨単位 ケニア・シリング
主要言語 スワヒリ語，英語
主要宗教 キリスト教，イスラーム
国花 ——

黒は国民，赤は血，緑は大地と天然資源を表
す。中央にマサイ族の盾と槍を配している。

コートジボワール CIV　P. 29
Côte d'Ivoire

首都 ヤムスクロ
人口 2,582万人
面積 32.2万km²
通貨単位 ＣＦＡフラン[注1]
主要言語 フランス語
主要宗教 イスラーム，キリスト教
国花 ヤシ

オレンジは国の繁栄とサバナ，白は平和と国
民の団結，緑は希望と豊かな原始林を表す。

コモロ COM　P. 30
Comoros

首都 モロニ
人口 77万人[15]
面積 2,235km²
通貨単位 コモロ・フラン
主要言語 コモロ語，アラビア語，
フランス語
主要宗教 イスラーム（スンナ派）
国花 ——，国鳥 ——

三角形の緑はイスラームのシンボルで，四つ
の星と横の4色は国を構成する4島を表す。

コンゴ共和国 CGO　P. 30
Republic of Congo

首都　ブラザビル
人口　533万人
面積　34.2万km²
通貨単位　CFAフラン(注1)
主要言語　フランス語, リンガラ語
主要宗教　キリスト教
国花　──
国鳥　──

緑は平和・森林資源, 黄は希望・天然資源,
赤は自主独立・人間性への尊厳を表す。

ザンビア ZAM　P. 30
Zambia

首都　ルサカ
人口　1,738万人
面積　75.3万km²
通貨単位　ザンビア・クワチャ
主要言語　英語, ベンバ語
主要宗教　プロテスタント, カトリック
国花　──
国鳥　──

赤は自由のための闘争, 黒は国民, オレンジ
と緑は資源, 鷲は自由と栄光を表す。

ジンバブエ ZIM　P. 30
Zimbabwe

首都　ハラレ
人口　1,484万人(18)
面積　39.1万km²
通貨単位　ジンバブエ・ドル
主要言語　英語, ショナ語, ンデベレ語
主要宗教　キリスト教(プロテスタント)
国花　──
国鳥　──

赤・黄・緑のアフリカ色に, 左側に遺跡の彫
刻からとった鳥の紋章を配した。

セーシェル SEY　P. 30
Seychelles

首都　ビクトリア
人口　9万人
面積　457km²
通貨単位　セーシェル・ルピー
主要言語　クレオール語, 英語,
　　　　　フランス語
主要宗教　カトリック, プロテスタント
国花　──, 国鳥　──

青は空と海, 黄は太陽, 赤は国民と働く決意,
白は正義と調和, 緑は国土と自然環境を表す。

タンザニア TAN　P. 30
Tanzania

首都　ダルエスサラーム
人口　5,589万人
面積　94.7万km²
通貨単位　タンザニア・シリング
主要言語　スワヒリ語, 英語
主要宗教　キリスト教, イスラーム
国花　──
国鳥　──

緑は国土と農業, 黒はすべての国民, 青はイ
ンド洋, 黄線は豊かな鉱物資源を表す。

チュニジア TUN　P. 30
Tunisia

首都　チュニス
人口　1,172万人
面積　16.4万km²
通貨単位　チュニジア・ディナール
主要言語　アラビア語, フランス語
主要宗教　イスラーム(スンナ派)
国花　──
国鳥　──

歴史的関係の深いトルコの国旗を参考にした。
三日月と星はイスラーム国独特のもの。

ナミビア NAM　P. 30
Namibia

首都　ウィントフック
人口　245万人
面積　82.4万km²
通貨単位　ナミビア・ドル
主要言語　英語, アフリカーンス語
主要宗教　プロテスタント, カトリック
国花　──
国鳥　──

青は希望, 赤は独立に流された血, 緑は豊か
な国土, 白線は繁栄, 星は統一を表す。

ブルンジ BDI　P. 30
Burundi

首都　ブジュンブラ
人口　1,204万人
面積　2.8万km²
通貨単位　ブルンジ・フラン
主要言語　ルンディ語, フランス語
主要宗教　カトリック, プロテスタント
国花　──
国鳥　──

赤は独立闘争と革命, 緑は希望, 白は平和を
表し, 3個の星は3部族と国家の統一を表す。

コンゴ民主共和国 COD　P. 30
Democratic Republic of the Congo

首都　キンシャサ
人口　7,624万人(15)
面積　234.5万km²
通貨単位　コンゴ・フラン
主要言語　フランス語, スワヒリ語
主要宗教　キリスト教, イスラーム
国花　ニオイマホガニー
国鳥　──

赤は国のために殉じた者の血, 黄色の線は富,
星は輝かしい未来, バックの水色は平和を表す。

シエラレオネ SLE　P. 29
Sierra Leone

首都　フリータウン
人口　790万人
面積　7.2万km²
通貨単位　レオネ
主要言語　英語, メンデ語
主要宗教　イスラーム, キリスト教
国花　──
国鳥　ギネアアブラヤシ

緑は農業, 白は平和と正義, 青はこの国の海
岸を洗う大西洋を表している。

スーダン SUD　P. 30
Sudan

首都　ハルツーム
人口　4,020万人
面積　184.7万km²
通貨単位　スーダン・ポンド
主要言語　アラビア語, 英語
主要宗教　イスラーム(スンナ派),
　　　　　伝統信仰
国花　ハイビスカス, 国鳥　──

赤は革命と進歩, 白は平和と未来への希望, 黒は
アフリカ, 緑はイスラームの繁栄を表す。

セネガル SEN　P. 29
Senegal

首都　ダカール
人口　1,620万人
面積　19.7万km²
通貨単位　CFAフラン(注1)
主要言語　フランス語, ウォロフ語
主要宗教　イスラーム
国花　バオバブ
国鳥　──

アフリカ特有の緑・黄・赤の3色を採用し,
中央の緑の星は自由のシンボルである。

チャド CHA　P. 30
Chad

首都　ンジャメナ
人口　1,569万人
面積　128.4万km²
通貨単位　CFAフラン(注1)
主要言語　フランス語, アラビア語
主要宗教　イスラーム, キリスト教
国花　──
国鳥　──

青は空と希望, 黄は太陽と資源, 赤は国の進
歩と独立時の犠牲を忘れないための色。

トーゴ TOG　P. 29～30
Togo

首都　ロメ
人口　761万人
面積　5.7万km²
通貨単位　CFAフラン(注1)
主要言語　フランス語, エウェ語
主要宗教　キリスト教, 伝統信仰
国花　──
国鳥　──

緑は希望, 黄は未来への誓い, 赤は解放のた
めに流された血, 白星はアフリカのシンボル。

ニジェール NIG　P. 30
Niger

首都　ニアメ
人口　2,065万人(17)
面積　126.7万km²
通貨単位　CFAフラン(注1)
主要言語　フランス語, ハウサ語
主要宗教　イスラーム(スンナ派)
国花　──
国鳥　──

オレンジはサハラ砂漠, 白は平和と純潔, 緑
は砂漠の緑化による国の発展を表す。

ベナン BEN　P. 30
Benin

首都　ポルトノボ
人口　1,149万人(18)
面積　11.5万km²
通貨単位　CFAフラン(注1)
主要言語　フランス語, フォン語
主要宗教　キリスト教, イスラーム
国花　──
国鳥　──

緑色は南の地域のヤシ林, 黄色は北の地域の
サバナ, 赤色は両地域の結びつきを意味する。

サントメ・プリンシペ STP　P. 30
São Tomé and Príncipe

首都　サントメ
人口　20万人
面積　964km²
通貨単位　ドブラ
主要言語　ポルトガル語, クレオール語
主要宗教　カトリック, プロテスタント
国花　──
国鳥　──

赤は独立のために流した血, 緑はカカオと林
業, 黒星はサントメ島とプリンシペ島を表す。

ジブチ DJI　P. 30
Djibouti

首都　ジブチ
人口　91万人(15)
面積　2.3万km²
通貨単位　ジブチ・フラン
主要言語　アラビア語, フランス語
主要宗教　イスラーム(スンナ派)
国花　──
国鳥　──

青は大洋を, 緑は富と大地を, 白い三角は平
等, 赤い星は統一を表す。

赤道ギニア GEQ　P. 30
Equatorial Guinea

首都　マラボ
人口　140万人
面積　2.8万km²
通貨単位　CFAフラン(注1)
主要言語　スペイン語, フランス語,
　　　　　ポルトガル語
主要宗教　キリスト教(カトリック)
国花　──, 国鳥　──

緑は天然資源, 白は平和, 赤は独立への闘争,
青は海を表す。中央の国章はパンヤの木。

ソマリア SOM　P. 30
Somalia

首都　モガディシュ
人口　1,379万人(15)
面積　63.8万km²
通貨単位　ソマリア・シリング
主要言語　ソマリ語, アラビア語
主要宗教　イスラーム(スンナ派)
国花　──
国鳥　──

国連の功績を記念するため, 国連旗と同じ青
色を採用した。星は自由のシンボル。

中央アフリカ CAF　P. 30
Central Africa

首都　バンギ
人口　449万人(15)
面積　62.3万km²
通貨単位　CFAフラン(注1)
主要言語　サンゴ語, フランス語
主要宗教　キリスト教, 伝統信仰
国花　──
国鳥　──

青はフランスとの友情, 白は純粋と理想, 緑
は農業と富, 黄は資源, 赤は情熱を表す。

ナイジェリア NGR　P. 30
Nigeria

首都　アブジャ
人口　19,339万人(16)
面積　92.4万km²
通貨単位　ナイラ
主要言語　英語, ハウサ語, ヨルバ語,
　　　　　イボ語
主要宗教　イスラーム, キリスト教
国花　──, 国鳥　──

一般公募で選ばれた国旗で, 緑は農業, 白は
平和と団結を表したもの。

ブルキナファソ BUR　P. 29～30
Burkina Faso

首都　ワガドゥグー
人口　2,087万人
面積　27.3万km²
通貨単位　CFAフラン(注1)
主要言語　フランス語, モシ語
主要宗教　イスラーム, キリスト教
国花　──
国鳥　──

赤は革命, 緑は農業と林業, 星は希望と天然
資源を表している。

ボツワナ BOT　P. 30
Botswana

首都　ハボローネ
人口　233万人
面積　58.2万km²
通貨単位　プラ
主要言語　ツワナ語, 英語
主要宗教　キリスト教
国花　モロコシ

青は雨を表し, 黒と白の線は, 黒人と白人が
仲良く暮らしていることを意味している。

マダガスカル　MAD　P. 30
Madagascar

首都　アンタナナリボ
人口　2,662万人
面積　58.7万km²
通貨単位　アリアリ
主要言語　マダガスカル語，フランス語
主要宗教　キリスト教，伝統信仰
国花　ポインセチア

赤と白は東南アジアからの移民の影響を受け
た色で，緑は沿岸部の住民を代表する色。

マラウイ　MAW　P. 30
Malawi

首都　リロングウェ
人口　1,756万人
面積　11.8万km²
通貨単位　マラウイ・クワチャ
主要言語　英語，チェワ語
主要宗教　キリスト教，イスラーム
国鳥　―

黒と赤はアフリカ人とその血潮を，緑はマラ
ウイの自然を，日の出は希望と自由を表す。

マリ　MLI　P. 29〜30
Mali

首都　バマコ
人口　1,941万人(18)
面積　124.0万km²
通貨単位　CFAフラン(注1)
主要言語　フランス語，バンバラ語
主要宗教　イスラーム（スンナ派）
国花　―
国鳥　―

緑は農業，黄は純潔，赤は独立のために流さ
れた血を表す。

南アフリカ共和国　RSA　P. 29
Republic of South Africa

首都　プレトリア
人口　5,877万人
面積　122.1万km²
通貨単位　ランド
主要言語　ズールー語，アフリカーンス語，
　　　　　英語
主要宗教　独立派キリスト教，プロテスタント
国花　プロテア　国鳥　ハゴロモヅル

赤は血，青は空と海，緑は農業と森林資源，
黄は鉱物資源，黒は黒人，白は白人を表す。

南スーダン　SSD　P. 30
South Sudan

首都　ジュバ
人口　1,232万人(18)
面積　65.9万km²
通貨単位　南スーダン・ポンド
主要言語　英語，アラビア語
主要宗教　キリスト教
国花　―
国鳥　―

黒は国民，白は平和，赤は血，緑は国土，
青はナイル川の水，星は団結を表す。

モザンビーク　MOZ　P. 30
Mozambique

首都　マプト
人口　2,931万人
面積　79.9万km²
通貨単位　メティカル
主要言語　ポルトガル語，マクワ語
主要宗教　キリスト教，イスラーム
国花　―
国鳥　―

緑は農業，黒は人民の力，黄は鉱物資源，図
柄の銃，鍬，本は国防，労働，教育を表す。

モーリシャス　MRI　P. 30
Mauritius

首都　ポートルイス
人口　126万人
面積　1,979km²
通貨単位　モーリシャス・ルピー
主要言語　英語
主要宗教　ヒンドゥー教，
　　　　　キリスト教（カトリック）
国花　―

赤は独立のために流した愛国者の血，青はイ
ンド洋，黄は自由と太陽，緑は農業を表す。

モーリタニア　MTN　P. 29
Mauritania

首都　ヌアクショット
人口　398万人(18)
面積　103.1万km²
通貨単位　ウギア
主要言語　アラビア語，プラー語
主要宗教　イスラーム（スンナ派）
国花　―

赤は独立のために流された血，緑に三日月と星は
イスラームを表す。

モロッコ　MAR　P. 29〜30
Morocco

首都　ラバト
人口　3,558万人
面積　44.7万km²
通貨単位　モロッコ・ディルハム
主要言語　アラビア語，アマジグ語
主要宗教　イスラーム（スンナ派）
国花　バラ

緑の紋章は「ソロモンの印章」で，モロッコ
の安泰と神の加護を願ったもの。

リビア　LBA　P. 30
Libya

首都　トリポリ
人口　616万人(15)
面積　167.6万km²
通貨単位　リビア・ディナール
主要言語　アラビア語，アマジグ語
主要宗教　イスラーム（スンナ派）
国花　ザクロ
国鳥　―

赤は力，黒はイスラームの戦い，緑は緑地へのあこがれ，
白は国民の行為を表す。

リベリア　LBR　P. 29
Liberia

首都　モンロビア
人口　447万人(15)
面積　11.1万km²
通貨単位　リベリア・ドル
主要言語　英語，マンデ語
主要宗教　キリスト教，イスラーム
国花　コショウ

アメリカ国旗に似ているが意味合いは異なる。
11本の条は独立宣言に署名した11人を表す。

ルワンダ　RWA　P. 30
Rwanda

首都　キガリ
人口　1,237万人
面積　2.6万km²
通貨単位　ルワンダ・フラン
主要言語　キニヤルワンダ語，
　　　　　フランス語，英語
主要宗教　カトリック，プロテスタント
国花　―　国鳥　―

緑は繁栄，黄は富，太陽と光は人々を導く永遠の光を示し，
単一性，率直，無知の闘いを表す。

レソト　LES　P. 29
Lesotho

首都　マセル
人口　200万人(16)
面積　3.0万km²
通貨単位　ロティ
主要言語　ソト語，英語
主要宗教　キリスト教
国花　―
国鳥　―

青は雨，白は平和，緑は繁栄を示し，中央に置かれているのは
バソト族の黒い帽子で，当地固有の人々を表す。

ヨーロッパ

*45国

アイスランド　ISL　P. 36
Iceland

首都　レイキャビク
人口　35万人
面積　10.3万km²
通貨単位　アイスランド・クローナ
主要言語　アイスランド語
主要宗教　ルーテル派プロテスタント
国花　―
国鳥　シロハヤブサ

青は古くからのアイスランドの国民色。十字
は他の北ヨーロッパ諸国と共通。

アイルランド　IRL　P. 35
Ireland

首都　ダブリン
人口　490万人
面積　7.0万km²
通貨単位　ユーロ
主要言語　アイルランド語，英語
主要宗教　カトリック
国花　シロツメクサ
国鳥　ミヤコドリ

フランス国旗が手本で，三つの色は古いもの
と新しいものの結合，および友愛を表す。

アルバニア　ALB　P. 44
Albania

首都　ティラナ
人口　286万人
面積　2.9万km²
通貨単位　レク
主要言語　アルバニア語
主要宗教　イスラーム（スンナ派），
　　　　　カトリック
国花　カシ，国鳥　―

双頭の鷲はこの国が東洋と西洋の中間にある
ことを表す。

アンドラ　AND　P. 43
Andorra

首都　アンドラ・ラ・ベリャ
人口　7万人
面積　468km²
通貨単位　ユーロ
主要言語　カタルーニャ語
主要宗教　カトリック
国花　―
国鳥　―

フランスの3色旗とスペインの血と金の
双方の色を組み合わせたもの。

イギリス　GBR　P. 35
United Kingdom

首都　ロンドン
人口　6,679万人
面積　24.2万km²
通貨単位　英ポンド
主要言語　英語
主要宗教　キリスト教（英国国教会）
国花　バラ
国鳥　ロビン

イングランド，スコットランド，アイルランド各地方の3聖人
を象徴する三つの十字旗を組み合わせたもの。

イタリア　ITA　P. 41〜42
Italy

首都　ローマ
人口　6,042万人(18)
面積　30.2万km²
通貨単位　ユーロ
主要言語　イタリア語
主要宗教　カトリック
国花　デージー
国鳥　―

緑は美しい国土，白は雪，赤は愛国の熱血を
表すと同時に，自由・平等・博愛も意味する。

ウクライナ　UKR　P. 51〜52
Ukraine

首都　キエフ
人口　4,215万人
面積　60.4万km²
通貨単位　フリブニャ
主要言語　ウクライナ語，ロシア語
主要宗教　ウクライナ正教，カトリック
国花　―
国鳥　―

青は空，黄は小麦を表す。

エストニア　EST　P. 36
Estonia

首都　タリン
人口　132万人
面積　4.5万km²
通貨単位　ユーロ
主要言語　エストニア語，ロシア語
主要宗教　キリスト教
国花　―
国鳥　―

青は空や海・湖と誠実，黒は大地と暗い過去，白は
雪と明るい希望。ソ連から独立後に国旗として復活。

オーストリア　AUT　P. 40
Austria

首都　ウィーン
人口　885万人
面積　8.4万km²
通貨単位　ユーロ
主要言語　ドイツ語
主要宗教　カトリック
国花　エーデルワイス
国鳥　ツバメ

赤は十字軍の遠征でヘンデンサム公が浴びた
返り血を，白はその時のベルトの跡を表す。

オランダ　NED　P. 37
Netherlands

首都　アムステルダム
人口　1,728万人
面積　4.2万km²
通貨単位　ユーロ
主要言語　オランダ語
主要宗教　カトリック，プロテスタント
国鳥　チューリップ
国鳥　ヘラサギ

赤は国民の勇気，白は信仰心，青は祖国への
変わらぬ忠誠心を示すものといわれている。

北マケドニア　MKD　　P. 51
North Macedonia

首都　スコピエ
人口　207万人
面積　2.6万km²
通貨単位　デナール
主要言語　マケドニア語, アルバニア語
主要宗教　マケドニア正教, イスラーム
国花　—
国鳥　—

アレクサンドロス大王ゆかりのベルギナの
星を図案化して日輪にしている。

ギリシャ　GRE　　P. 44
Greece

首都　アテネ
人口　1,072万人
面積　13.2万km²
通貨単位　ユーロ
主要言語　ギリシャ語
主要宗教　ギリシャ正教
国花　アカンサス
国鳥　—

青と白は海と空, 十字はギリシャ正教を表し, 9条の横線は「独
立か死か」を表すギリシャ語の9音節に由来する等諸説ある。

クロアチア　CRO　　P. 51
Croatia

首都　ザグレブ
人口　407万人
面積　5.7万km²
通貨単位　クーナ
主要言語　クロアチア語
主要宗教　カトリック
国花　—
国鳥　—

赤白のチェック模様はクロアチア王国の紋章。
五つの小さな図柄は国内5地域の紋章。

コソボ　KOS　　P. 51
Kosovo

首都　プリシュティナ
人口　178万人
面積　1.1万km²
通貨単位　ユーロ
主要言語　アルバニア語, セルビア語
主要宗教　イスラーム
国花　—
国鳥　—

EU旗と同じ青地は欧州との協調を, 六つの
星は6民族の調和と団結を表している。

サンマリノ　SMR　　P. 41
San Marino

首都　サンマリノ
人口　3万人(18)
面積　61km²
通貨単位　ユーロ
主要言語　イタリア語
主要宗教　カトリック
国花　アキザキシクラメン
国鳥　—

白は純粋性, 青は空とアドリア海を表し, 紋
章にはイタリア語で「自由」と書かれている。

スイス　SUI　　P. 40
Switzerland

首都　ベルン
人口　851万人
面積　4.1万km²
通貨単位　スイス・フラン
主要言語　ドイツ語, フランス語,
　　　　　イタリア語
主要宗教　カトリック, プロテスタント
国花　エーデルワイス　国鳥　—

13世紀, 圧政に対して立ち上がったシュビッツ州人が戦いに
用いた旗が基本になっている。2002年9月10日国連に加盟。

スウェーデン　SWE　　P. 36
Sweden

首都　ストックホルム
人口　1,023万人
面積　43.9万km²
通貨単位　スウェーデン・クローナ
主要言語　スウェーデン語
主要宗教　ルーテル派プロテスタント
国花　セイヨウトネリコ
国鳥　クロウタドリ

12世紀半ば, フィンランドとの戦いで空を十
字架の光明が横切ったという故事に由来する。

スペイン　ESP　　P. 43
Spain

首都　マドリード
人口　4,693万人
面積　50.6万km²
通貨単位　ユーロ
主要言語　スペイン語, カタルーニャ語
主要宗教　カトリック
国花　カーネーション
国鳥　—

「血と金の旗」と呼ばれ, 紋章は古いイベリ
ア半島の5王国の紋章を組み合わせたもの。

スロバキア　SVK　　P. 51
Slovakia

首都　ブラチスラバ
人口　545万人
面積　4.9万km²
通貨単位　ユーロ
主要言語　スロバキア語
主要宗教　カトリック
国花　—
国鳥　—

白, 青, 赤はスラブ民族を, 紋章はキリスト
教と国土の山々を表している。

スロベニア　SLO　　P. 41
Slovenia

首都　リュブリャナ
人口　208万人
面積　2.0万km²
通貨単位　ユーロ
主要言語　スロベニア語
主要宗教　カトリック
国花　—
国鳥　—

国内最高峰・アドリア海沿岸部・河川が描か
れた国章をはめ込んでいる。

セルビア　SRB　　P. 51
Serbia

首都　ベオグラード
人口　696万人
面積　7.8万km²
通貨単位　セルビア・ディナール
主要言語　セルビア語
主要宗教　セルビア正教
国花　—
国鳥　—

2006年6月の独立により旧セルビア・モンテネ
グロの国旗を承継し, 中央左に紋章を加えた。

チェコ　CZE　　P. 51
Czech Republic

首都　プラハ
人口　1,066万人
面積　7.9万km²
通貨単位　コルナ
主要言語　チェコ語
主要宗教　カトリック
国花　菩提樹
国鳥　—

白は清潔, 青は空, 赤は自由のため流された
血を表す。

デンマーク　DEN　　P. 36
Denmark

首都　コペンハーゲン
人口　581万人
面積　4.3万km²
通貨単位　デンマーク・クローネ
主要言語　デンマーク語
主要宗教　ルーテル派プロテスタント
国花　スイレン
国鳥　ヒバリ

13世紀初め, エストニア人との戦いで, この
旗を掲げたら勝利したという故事に由来する。

ドイツ　GER　　P. 39〜40
Germany

首都　ベルリン
人口　8,301万人
面積　35.8万km²
通貨単位　ユーロ
主要言語　ドイツ語
主要宗教　カトリック, プロテスタント
国花　オウシュウナラ
国鳥　シュバシコウ

19世紀初め, ナポレオン軍との戦いに参戦し
た学生義勇軍の軍服の色を取り入れたもの。

ノルウェー　NOR　　P. 36
Norway

首都　オスロ
人口　532万人
面積　32.4万km²
通貨単位　ノルウェー・クローネ
主要言語　ノルウェー語
主要宗教　ルーテル派プロテスタント
国花　—
国鳥　ムナジロカワガラス

スカンディナヴィア諸国共通の十字を採用し,
青・白・赤の3色は自由を表す。

バチカン　　P. 41
Vatican

首都　バチカン
人口　0.06万人
面積　0.44km²
通貨単位　ユーロ
主要言語　ラテン語, イタリア語,
　　　　　フランス語
主要宗教　カトリック
国花　マドンナリリー, 国鳥　—

旗の色は法王庁を守る衛兵の帽子を取り入れ
たもの。紋章はバチカン元首のシンボル。

ハンガリー　HUN　　P. 51
Hungary

首都　ブダペスト
人口　977万人
面積　9.3万km²
通貨単位　フォリント
主要言語　ハンガリー語（マジャール語）
主要宗教　カトリック, プロテスタント
国花　ゼラニウム
国鳥　—

赤は血, 白は清潔, 緑は希望を表す。紋章は
1956年の動乱後に取り除かれた。

フィンランド　FIN　　P. 36
Finland

首都　ヘルシンキ
人口　554万人
面積　33.8万km²
通貨単位　ユーロ
主要言語　フィンランド語, スウェーデン語
主要宗教　ルーテル派プロテスタント
国花　スズラン
国鳥　—

青は空と湖, 白は雪を表し, 十字は北ヨーロ
ッパ諸国の一員であることを示している。

フランス　FRA　　P. 37〜38
France

首都　パリ
人口　6,702万人
面積　64.1万km²
通貨単位　ユーロ
主要言語　フランス語
主要宗教　カトリック
国花　—
国鳥　—

世界中によく知られるように, 青・白・赤の
3色は自由・平等・博愛のシンボルである。

ブルガリア　BUL　　P. 51
Bulgaria

首都　ソフィア
人口　700万人
面積　11.0万km²
通貨単位　レフ
主要言語　ブルガリア語
主要宗教　ブルガリア正教
国花　バラ
国鳥　—

赤と白はスラブ民族の共同社会を, 緑は森林
を表す。

ベラルーシ　BLR　　P. 51
Belarus

首都　ミンスク
人口　947万人
面積　20.8万km²
通貨単位　ベラルーシ・ルーブル
主要言語　ベラルーシ語, ロシア語
主要宗教　ベラルーシ正教
国花　—
国鳥　—

95年の親ロシア政権の誕生により, ハンマーと
鎌, 金の星を除いた旧旗が復活。

ベルギー　BEL　　P. 37
Belgium

首都　ブリュッセル
人口　1,145万人
面積　3.1万km²
通貨単位　ユーロ
主要言語　オランダ語, フランス語, ドイツ語
主要宗教　カトリック
国花　チューリップ
国鳥　チョウゲンボウ

18世紀, 時の支配者オーストリアとの戦いの
時に用いた旗と同じ色を国旗に採用している。

ボスニア・ヘルツェゴビナ　BIH　P. 51
Bosnia and Herzegovina

首都　サラエボ
人口　349万人
面積　5.1万km²
通貨単位　兌換マルカ
主要言語　ボスニア語, セルビア語,
　　　　　クロアチア語
主要宗教　イスラーム, セルビア正教
国花　—, 国鳥　—

逆三角形は国土と民族, 黄は希望と太陽,
青と星は欧州連合旗にあやかったもの。

ポーランド　POL　　P. 51
Poland

首都　ワルシャワ
人口　3,797万人
面積　31.3万km²
通貨単位　ズロチ
主要言語　ポーランド語
主要宗教　カトリック
国花　パンジー
国鳥　—

赤は独立と国のために流された血, 白は喜び
を表している。

ポルトガル POR　P.43
Portugal

首都 リスボン
人口 1,027万人
面積 9.2万km²
通貨単位 ユーロ
主要言語 ポルトガル語
主要宗教 カトリック
国花 バラ
国鳥 ──

緑は誠実と希望、赤は革命を表す。国章は天
測儀と七つの城などを描いた盾。

マルタ MLT　P.42
Malta

首都 バレッタ
人口 49万人
面積 315km²
通貨単位 ユーロ
主要言語 マルタ語、英語
主要宗教 カトリック
国花 ──
国鳥 ──

11世紀初め、マルタを解放したロジャー伯爵
が作った赤と白の旗に由来する。

モナコ MON　P.38
Monaco

首都 モナコ
人口 3万人
面積 2.02km²
通貨単位 ユーロ
主要言語 フランス語
主要宗教 カトリック
国花 カーネーション
国鳥 ──

19世紀初めに制定されたもので、赤と白は昔
からモナコ王家の色とされている。

モルドバ MDA　P.51
Moldova

首都 キシナウ（キシニョフ）
人口 268万人
面積 3.4万km²
通貨単位 モルドバ・レウ
主要言語 モルドバ語、ロシア語
　　　　　ベッサラビア正教
主要宗教 モルドバ正教、
国花 ──、国鳥 ──

中央の国章を除けば隣国ルーマニアと同じで、
ルーマニアとの深い関係を示している。

モンテネグロ MNE　P.51
Montenegro

首都 ポドゴリツァ
人口 62万人
面積 1.47万km²
通貨単位 ユーロ
主要言語 モンテネグロ語、セルビア語
主要宗教 セルビア正教、イスラーム
国花 ──
国鳥 ──

国章の双頭の鷲は東西に君臨するローマ皇帝の象徴、中心
にはヴェネツィア共和国の象徴、聖マルコのライオンを置く。

ラトビア LAT　P.36
Latvia

首都 リガ
人口 192万人
面積 6.5万km²
通貨単位 ユーロ
主要言語 ラトビア語、ロシア語
主要宗教 ルーテル派プロテスタント、
　　　　　　　　　　　正教会
国花 ──、国鳥 ──

暗赤色は過去の戦いで流された血、白は信頼と
栄誉を表す。ソ連から独立後に国旗として復活。

リトアニア LTU　P.36
Lithuania

首都 ビリニュス
人口 279万人
面積 6.5万km²
通貨単位 ユーロ
主要言語 リトアニア語、ロシア語
主要宗教 カトリック
国花 ──
国鳥 ──

黄は太陽と繁栄、緑は森林と希望、赤は大地と犠牲
者の血を表す。ソ連から独立後に国旗として復活。

リヒテンシュタイン LIE　P.40
Liechtenstein

首都 ファドーツ
人口 3万人
面積 160km²
通貨単位 スイス・フラン
主要言語 ドイツ語
主要宗教 カトリック
国花 黄色のユリ
国鳥 ──

青は空、赤は炉の火、王冠は人民と統治者が
一体であることを示すといわれている。

ルクセンブルク LUX　P.37
Luxembourg

首都 ルクセンブルク
人口 61万人
面積 2,586km²
通貨単位 ユーロ
主要言語 ルクセンブルク語、
　　　　　　　　　フランス語
主要宗教 カトリック
国花 バラ、国鳥 キクイタダキ

13世紀の大公家の紋章からこの色を取ったと
伝えられ、19世紀からこの旗が使われている。

ルーマニア ROU　P.51
Romania

首都 ブカレスト
人口 1,941万人
面積 23.8万km²
通貨単位 ルーマニア・レウ
主要言語 ルーマニア語
主要宗教 ルーマニア正教
国花 バラ
国鳥 ──

王制時代に定めた青・黄・赤の3色で、紋章
は1989年の民主化を機に取り除かれた。

ロシア連邦 RUS　P.49〜50
Russian Federation

首都 モスクワ
人口 14,400万人(15)
面積 1709.8万km²
通貨単位 ロシア・ルーブル
主要言語 ロシア語
主要宗教 ロシア正教
国花 ──
国鳥 ──

白は高貴さ、青は名誉、赤は愛と勇気を表す。
帝政ロシアの国旗が、ソ連崩壊後に復活。

北アメリカ
＊23国

アメリカ合衆国 USA　P.55〜56
United States of America

首都 ワシントンD.C.
人口 32,824万人
面積 983.4万km²
通貨単位 米ドル
主要言語 英語、スペイン語
主要宗教 プロテスタント、カトリック
国花 ──
国鳥 アメリカハクトウワシ

赤白13本の線は独立当時の州の数、50の星は
現在の州の数を表す。

アンティグア・バーブーダ ANT　P.62
Antigua and Barbuda

首都 セントジョンズ
人口 9万人
面積 442km²
通貨単位 東カリブ・ドル
主要言語 英語
主要宗教 キリスト教（プロテスタント、
　　　　　　　　　　　カトリック）
国花 ──、国鳥 ──

赤と青は力と希望、黒はアフリカ系国民、黄・
青・白は自然、太陽は新時代を表す。

エルサルバドル ESA　P.61
El Salvador

首都 サンサルバドル
人口 664万人(18)
面積 2.1万km²
通貨単位 米ドル
主要言語 スペイン語
主要宗教 カトリック、プロテスタント
国花 ユッカ
国鳥 ──

上下の青は太平洋とカリブ海、白は平和を意
味し、紋章は外国の束縛からの解放を表す。

カナダ CAN　P.53
Canada

首都 オタワ
人口 3,758万人
面積 998.5万km²
通貨単位 カナダ・ドル
主要言語 英語、フランス語
主要宗教 カトリック、プロテスタント
国花 サトウカエデ
国鳥 ──

1965年に制定された旗で、カナダのシンボル
である赤いカエデの葉を配している。

キューバ CUB　P.62
Cuba

首都 ハバナ
人口 1,120万人
面積 11.0万km²
通貨単位 キューバ・ペソ
主要言語 スペイン語
主要宗教 カトリック
国花 ハナシュクシャ
国鳥 ──

赤は正義と力、白は独立の精神、3本の青線
は三つの州、白星は輝かしい未来を表す。

グアテマラ GUA　P.61
Guatemala

首都 グアテマラシティ
人口 1,731万人(18)
面積 10.9万km²
通貨単位 ケツァル
主要言語 スペイン語
主要宗教 カトリック、プロテスタント・
　　　　　　　　　　独立派キリスト教
国花 ラン、国鳥 ケツァール

左右の青は中米連邦同盟国共通の色、中央は
国鳥のケツァール鳥に銃を交差した。

グレナダ GRN　P.62
Grenada

首都 セントジョージズ
人口 11万人(17)
面積 345km²
通貨単位 東カリブ・ドル
主要言語 英語、クレオール語
主要宗教 プロテスタント、カトリック
国花 ──
国鳥 ──

赤は情熱と勇気、黄は太陽と国土、緑は豊か
な土地を表す。左側にナツメグの実を配した。

コスタリカ CRC　P.62
Costa Rica

首都 サンホセ
人口 506万人
面積 5.1万km²
通貨単位 コスタリカ・コロン
主要言語 スペイン語
主要宗教 カトリック、プロテスタント
国花 カトレア
国鳥 ──

白は平和、青は空、赤は自由のために流され
た血を表す。民間で使用する時は紋章を外す。

ジャマイカ JAM　P.62
Jamaica

首都 キングストン
人口 273万人
面積 1.1万km²
通貨単位 ジャマイカ・ドル
主要言語 英語、クレオール語
主要宗教 プロテスタント
国花 ユソウボク
国鳥 ──

黒は苦難に打ち勝つこと、緑は希望と農業、
X型は十字架で熱心なキリスト教信仰を示す。

セントクリストファー・ネービス SKN　P.62
Saint Christopher and Nevis

首都 バセテール
人口 5万人(15)
面積 261km²
通貨単位 東カリブ・ドル
主要言語 英語
主要宗教 プロテスタント、カトリック
国花 ──
国鳥 ──

緑は緑の国土、黒は黒人、赤は活力と独立、
黄は太陽、星は二つの島を表す。

セントビンセント及びグレナディーン諸島 VIN　P.62
Saint Vincent and the Grenadines

首都 キングスタウン
人口 11万人
面積 389km²
通貨単位 東カリブ・ドル
主要言語 英語、クレオール語
主要宗教 キリスト教
国花 ──
国鳥 ──

緑は植物、黄は太陽、青は海と空を表す。

セントルシア　LCA　P.62
Saint Lucia

首都　カストリーズ
人口　17万人(18)
面積　539km²
通貨単位　東カリブ・ドル
主要言語　英語、クレオール語
主要宗教　カトリック、プロテスタント
国花　——
国鳥　——

三角形はカリブ海に囲まれたセントルシア島、黄は黄金の海岸、黒は火山島を表す。

ドミニカ　DMA　P.62
Dominica

首都　ロゾー
人口　6万人(17)
面積　750km²
通貨単位　東カリブ・ドル
主要言語　英語、クレオール語
主要宗教　カトリック、プロテスタント
国花　——
国鳥　オウム

中央の鳥はオウムでドミニカの国鳥。緑は国土を、黒・黄・白は資源を示す。

ドミニカ共和国　DOM　P.62
Dominican Republic

首都　サントドミンゴ
人口　1,035万人
面積　4.9万km²
通貨単位　ドミニカ・ペソ
主要言語　スペイン語、ハイチ語
主要宗教　カトリック
国花　マホガニー
国鳥　——

赤は祖国のために流された血、青は平和、白十字は精神、紋章は真実・栄光の意味がある。

トリニダード・トバゴ　TTO　P.62
Trinidad and Tobago

首都　ポートオブスペイン
人口　136万人
面積　5,127km²
通貨単位　トリニダード・トバゴ・ドル
主要言語　英語、クレオール語
主要宗教　キリスト教、ヒンドゥー教
国花　ヘリコニア
国鳥　ハチドリ

赤は太陽・資源等、黒は力と理想を表し、白線はトリニダード、トバゴ両島を意味する。

ニカラグア　NCA　P.62
Nicaragua

首都　マナグア
人口　652万人
面積　13.0万km²
通貨単位　コルドバ
主要言語　スペイン語
主要宗教　カトリック、プロテスタント
国花　ハナシュクシャ
国鳥　——

中米連邦旗残の青・白・青に、同連邦5か国を表す火山等を描いた紋章を配した。

ハイチ　HAI　P.62
Haiti

首都　ポルトープランス
人口　1,157万人
面積　2.8万km²
通貨単位　グールド
主要言語　フランス語、ハイチ語
主要宗教　カトリック、プロテスタント
国花　ダイオウヤシ
国鳥　——

数度の変遷を経たハイチ国旗だが、現在のものは87年の制定。紋章に「団結は力」と記載。

パナマ　PAN　P.62
Panama

首都　パナマシティ
人口　421万人
面積　7.5万km²
通貨単位　バルボア(米ドルも使用)
主要言語　スペイン語
主要宗教　カトリック、プロテスタント・独立派キリスト教
国花　——
国鳥　——

赤と青は二大政党を、白は両党の協力、赤星は政治の権威と国の発展、青星は忠誠を表す。

バハマ　BAH　P.62
Bahamas

首都　ナッソー
人口　38万人
面積　1.4万km²
通貨単位　バハマ・ドル
主要言語　英語、クレオール語
主要宗教　プロテスタント、カトリック
国花　——
国鳥　——

青は海、黄は陸地、黒い三角形は国民の大多数を占める黒人と国の統合を示す。

バルバドス　BAR　P.62
Barbados

首都　ブリッジタウン
人口　27万人(15)
面積　431km²
通貨単位　バルバドス・ドル
主要言語　英語
主要宗教　プロテスタント
国花　オーゴチョウ
国鳥　——

青は海と空、橙は黄金の海岸、中央の図柄は海神の三叉の鉾である。

ベリーズ　BIZ　P.61〜62
Belize

首都　ベルモパン
人口　40万人
面積　2.3万km²
通貨単位　ベリーズ・ドル
主要言語　英語、スペイン語
主要宗教　カトリック、プロテスタント
国花　——
国鳥　——

海を表す青を地色にし、中央の紋章には働く住民と特産のマホガニーなどが描いてある。

ホンジュラス　HON　P.61〜62
Honduras

首都　テグシガルパ
人口　953万人
面積　11.2万km²
通貨単位　レンピラ
主要言語　スペイン語
主要宗教　カトリック、プロテスタント
国花　カーネーション
国鳥　——

中米連邦同盟国の青を基調に、中央にかつての同盟国の数を表す五つの星を配した。

メキシコ　MEX　P.61〜62
Mexico

首都　メキシコシティ
人口　12,657万人
面積　196.4万km²
通貨単位　メキシコ・ペソ
主要言語　スペイン語
主要宗教　カトリック
国花　ダリア
国鳥　鷲

緑・白・赤は諸州の独立・宗教・統一の保証。中央の鷲は国鳥で首都建設の伝説を表す。

南アメリカ
＊12国

＊ボリビアの首都は法律上ではスクレであるが、ラパスが事実上の首都。

アルゼンチン　ARG　P.63〜64
Argentina

首都　ブエノスアイレス
人口　4,493万人
面積　278.0万km²
通貨単位　アルゼンチン・ペソ
主要言語　スペイン語
主要宗教　カトリック
国花　アメリカデイゴ
国鳥　——

革命軍の軍服から取った色で、中央の太陽は独立戦争の象徴「五月の太陽」である。

ウルグアイ　URU　P.64
Uruguay

首都　モンテビデオ
人口　351万人
面積　17.4万km²
通貨単位　ウルグアイ・ペソ
主要言語　スペイン語
主要宗教　カトリック
国花　アメリカデイゴ
国鳥　——

青と白の9本の帯は九地方を意味し、「五月の太陽」はアルゼンチンと同じ独立の象徴。

エクアドル　ECU　P.63
Ecuador

首都　キト
人口　1,726万人
面積　25.7万km²
通貨単位　米ドル
主要言語　スペイン語、ケチュア語
主要宗教　カトリック、福音派プロテスタント
国花　アカキナノキ、国鳥　——

黄は太陽と鉱物資源、青は空と海、赤は独立時に流した血、紋章はコンドルなどを配した。

ガイアナ　GUY　P.63
Guyana

首都　ジョージタウン
人口　74万人
面積　21.5万km²
通貨単位　ガイアナ・ドル
主要言語　英語、クレオール語
主要宗教　キリスト教、ヒンドゥー教
国花　——
国鳥　——

緑は農業と森林、白は川、黄は鉱物資源、赤い三角形は新国家建設の活力と熱意を示す。

コロンビア　COL　P.63
Colombia

首都　ボゴタ
人口　4,939万人
面積　114.2万km²
通貨単位　コロンビア・ペソ
主要言語　スペイン語
主要宗教　カトリック、プロテスタント
国花　カトレア
国鳥　——

黄は鉱物資源、青は空と太平洋・カリブ海、赤は独立時に流した英雄の血を表す。

スリナム　SUR　P.63
Suriname

首都　パラマリボ
人口　59万人(18)
面積　16.4万km²
通貨単位　スリナム・ドル
主要言語　オランダ語、英語、スリナム語
主要宗教　キリスト教、ヒンドゥー教
国花　——、国鳥　——

緑は豊かな国土と希望、白は正義と自由、赤は進歩を表し、黄星は民族統合・幸福の象徴。

チリ　CHI　P.63〜64
Chile

首都　サンティアゴ
人口　1,910万人
面積　75.6万km²
通貨単位　チリ・ペソ
主要言語　スペイン語
主要宗教　カトリック、プロテスタント
国花　ツバキカズラ
国鳥　——

赤は独立時に流された血、白はアンデスの雪、星は南天に輝く星で、進歩の象徴。

パラグアイ　PAR　P.63〜64
Paraguay

首都　アスンシオン
人口　715万人
面積　40.7万km²
通貨単位　グアラニー
主要言語　スペイン語、グアラニー語
主要宗教　カトリック
国花　トケイソウ
国鳥　——

赤は正義、白は平和、青は自由を表し、紋章は表が国章、裏が国庫の証印である。

ブラジル　BRA　P.63〜64
Brazil

首都　ブラジリア
人口　21,014万人
面積　851.6万km²
通貨単位　レアル
主要言語　ポルトガル語
主要宗教　カトリック、プロテスタント
国花　カトレア
国鳥　——

緑は農業、黄は鉱物資源、星は首都と州を表す。帯の文字の意味は「秩序と発展」である。

ベネズエラ　VEN　P.63
Venezuela

首都　カラカス
人口　3,206万人
面積　93.0万km²
通貨単位　ボリバル・ソベラノ
主要言語　スペイン語
主要宗教　カトリック
国花　カタセツム(ラン)
国鳥　ツリスドリ

青はカリブ海、黄は鉱物資源、赤は独立時に流した血、八つの星は独立に署名した7州とギアナ地域を表す。

ペルー　PER　P.63
Peru

首都　リマ
人口　3,213万人
面積　128.5万km²
通貨単位　ヌエボ・ソル
主要言語　スペイン語、ケチュア語、アイマラ語
主要宗教　カトリック、福音派プロテスタント
国花　カンツータ、国鳥　——

赤は勇気と愛国心、白は平和・名誉・進歩を表し、紋章は豊かな産物を示す。

ボリビア　BOL　P. 63
Bolivia

首都 ラパス
人口 1,147万人
面積 109.9万km²
通貨単位 ボリビアーノ
主要言語 スペイン語, ケチュア語, アイマラ語
主要宗教 カトリック, プロテスタント
国花 カンツータ, 国鳥 ──

赤は独立で流された血, 黄は鉱物資源, 緑は森林資源, 紋章は各州の特徴を描いている。

オセアニア
＊16国

キリバス　KIR　P. 65～66
Kiribati

首都 タラワ
人口 11万人(15)
面積 726km²
通貨単位 オーストラリア・ドル
主要言語 キリバス語, 英語
主要宗教 カトリック, プロテスタント
国花 ──
国鳥 ──

海と波間の太陽, その上を飛ぶ軍艦鳥が, 太平洋の海洋国であるこの国の将来を表す。

クック諸島　COK　P. 66
Cook Islands

首都 アバルア
人口 2万人
面積 236km²
通貨単位 ニュージーランド・ドル
主要言語 英語, ラロトンガ語
主要宗教 プロテスタント, カトリック
国花 ──
国鳥 ──

ユニオンジャックはイギリスとの伝統的関係を象徴し, 15の星はクック諸島を構成する15の島々を表す。

オーストラリア　AUS　P. 67～68
Australia

首都 キャンベラ
人口 2,536万人
面積 769.2万km²
通貨単位 オーストラリア・ドル
主要言語 英語
主要宗教 キリスト教（プロテスタント, カトリック）
国花 アカシア, 国鳥 エミュウ

南十字星と大きな7角の星は州と領土を示し, ユニオンジャックは英連邦の一員を表す。

サモア　SAM　P. 65
Samoa

首都 アピア
人口 20万人
面積 2,842km²
通貨単位 タラ
主要言語 サモア語, 英語
主要宗教 プロテスタント, カトリック
国花 ──
国鳥 ──

左上に南十字星を配し, 白は純粋性を, 赤は勇気を表す。

ソロモン諸島　SOL　P. 65
Solomon Islands

首都 ホニアラ
人口 68万人
面積 2.9万km²
通貨単位 ソロモン・ドル
主要言語 英語, ピジン語
主要宗教 プロテスタント, カトリック
国花 ──
国鳥 ──

青は水を, 緑は国土を, 五つの星はこの国の主要な島と南十字星を表す。

ツバル　TUV　P. 65
Tuvalu

首都 フナフティ
人口 1万人(16)
面積 26km²
通貨単位 オーストラリア・ドル
主要言語 ツバル語, 英語
主要宗教 ツバル教会
国花 ──
国鳥 ──

ユニオンジャックは英連邦の一員を, 青は太平洋, 星は九つの島を表している。

トンガ　TGA　P. 65
Tonga

首都 ヌクアロファ
人口 10万人(16)
面積 747km²
通貨単位 パアンガ
主要言語 トンガ語, 英語
主要宗教 キリスト教（プロテスタント, モルモン教）
国花 ──, 国鳥 ──

赤い十字はキリスト教を示し, 地の赤はキリスト教のために流された血を表す。

ナウル　NRU　P. 65
Nauru

首都 ヤレン
人口 1万人(16)
面積 21km²
通貨単位 オーストラリア・ドル
主要言語 ナウル語, 英語
主要宗教 プロテスタント, カトリック
国花 ──
国鳥 ──

青は太平洋, 黄の線は赤道, 星はナウルを表し, 赤道の少し南にこの国があることを示す。

ニウエ　Niue　P. 66

首都 アロフィ
人口 0.17万人(17)
面積 260km²
通貨単位 ニュージーランド・ドル
主要言語 ニウエ語, 英語
主要宗教 キリスト教
国花 ──
国鳥 ──

黄色は輝く太陽とニュージーランドとの友好を表し, ユニオンジャックはイギリスの保護国であったことを, 星は南十字星とニウエを示す。

ニュージーランド　NZL　P. 68
New Zealand

首都 ウェリントン
人口 491万人
面積 26.8万km²
通貨単位 ニュージーランド・ドル
主要言語 英語, マオリ語
主要宗教 キリスト教（カトリック, 聖公会）
国花 ハナミエンジュ, 国鳥 ──

イギリスの商船旗をもとに作られた。ユニオンジャックは英連邦の一員であることを表す。

バヌアツ　VAN　P. 68
Vanuatu

首都 ポートビラ
人口 29万人
面積 1.2万km²
通貨単位 バツ
主要言語 ビスラマ語, 英語, フランス語
主要宗教 プロテスタント, カトリック
国花 ──
国鳥 ──

赤はこの国の活火山, 緑は樹木, 黒は肥沃な国土, 国章は野豚の牙と聖なる葉を表す。

パプアニューギニア　PNG　P. 20
Papua New Guinea

首都 ポートモレスビー
人口 815万人(16)
面積 46.3万km²
通貨単位 キナ
主要言語 英語, ピジン英語, モツ語
主要宗教 キリスト教
国花 ──
国鳥 極楽鳥

赤地に黄の鳥はこの国の国鳥である極楽鳥, 黒地の中の星は南十字星を表す。

パラオ　PLW　P. 20
Palau

首都 マルキョク
人口 1万人(18)
面積 459km²
通貨単位 米ドル
主要言語 パラオ語, 英語
主要宗教 カトリック, プロテスタント
国花 ──
国鳥 ──

黄の円は夜空の満月, 青は太平洋と外国支配からの独立を表している。

フィジー　FIJ　P. 65
Fiji

首都 スバ
人口 88万人
面積 1.8万km²
通貨単位 フィジー・ドル
主要言語 英語, フィジー語, ヒンディー語
主要宗教 キリスト教, ヒンドゥー教
国花 カトレア, 国鳥 ──

ユニオンジャックは英連邦の一員であることを示しているが, 1987年離脱を宣言した。

マーシャル諸島　MHL　P. 65
Marshall Islands

首都 マジュロ
人口 5万人(15)
面積 181km²
通貨単位 米ドル
主要言語 マーシャル語, 英語
主要宗教 プロテスタント
国花 ──
国鳥 ──

青は太平洋, 十字の星の光はキリスト教, 斜線は白が平和, オレンジは勇気を表す。

ミクロネシア　FSM　P. 65
Micronesia

首都 パリキール
人口 10万人
面積 702km²
通貨単位 米ドル
主要言語 英語, チューク語
主要宗教 カトリック, プロテスタント
国花 ──
国鳥 ──

四つの星を結ぶと十字になり, キリスト教と南十字星を, 青は太平洋を表す。

その他の主な地域

台湾　TPE　P. 16
Taiwan

政府所在地 タイペイ(台北)
人口 2,360万人
面積 3.6万km²
通貨単位 台湾元(新台湾ドル)
主要言語 中国語
主要宗教 道教, 仏教, キリスト教

赤, 白, 青の3色は孫文の唱えた三民主義を, 白の太陽は自由と平等を表し, 12本の光線は十二支を意味する。

ホンコン(香港特別行政区)　HKG　P. 16
Hong Kong Special Administrative Region

政府所在地 香港中環地区
人口 750万人
面積 1,107km²
通貨単位 ホンコン・ドル
主要言語 中国語, 英語
主要宗教 道教, 仏教, キリスト教

花は香港の象徴バウヒニアで, 5枚からなる星形は中国の五星紅旗に基づく。赤と白は社会主義・資本主義の一国二制度を象徴。

マカオ(澳門特別行政区)　P. 16
Macao Special Administrative Region

政府所在地 マカオ
人口 67万人
面積 33km²
通貨単位 パタカ
主要言語 中国語, ポルトガル語
主要宗教 道教, 仏教, キリスト教

区花のハスの下にマカオのシンボル, タイパ橋と海を図案化。五つの星は中国の五星紅旗にならったもの。

パレスチナ自治区　PLE　P. 27
The Palestinian Territories

政府所在地 ラマラ
人口 497万人
面積 6,025km²
通貨単位 新シェケル
主要言語 アラビア語
主要宗教 イスラーム

パレスチナ解放機構(PLO)の旗。ヨルダン国旗から星を除いたもの。4色はかつてのイスラーム王朝に由来。

グリーンランド　P. 53
Greenland

政府所在地 ヌーク(ゴットホープ)
人口 5万人
面積 217.6万km²
通貨単位 デンマーク・クローネ
主要言語 デンマーク語, グリーンランド語
主要宗教 キリスト教(ルーテル派)

白は氷山と氷塊を, 赤い円は北極海から昇る日の出または落日を示す。赤白の2色はデンマーク国旗にならったもの。

（1）地球の大きさ

（注）世界測地系による

子午線の全周40,007.864km

極半径 6,356.752km
赤道半径 6,378.137km
赤道の全周 40,074.912km

緯度1度分の子午線の弧の長さ（赤道付近で）110.574km（極付近で）111.694km

経度1度分の赤道の弧の長さ 111.319km

〔理科年表 2021, ほか〕

地球の質量	5.972×10²⁴kg
自転周期	23時間56分4秒
公転周期	365.2422日
地球の表面積	510,066,000km²
地球の陸地の面積	147,244,000km²
地球の海の面積	362,822,000km²
地球の体積	1,083,847,550,000km³
北回帰線・南回帰線の緯度	23°26′21.406″
（赤道面と軌道面の傾き）	

（2）地球に関する極値

最高点	8,848m	エヴェレスト山(ヒマラヤ山脈)
最深点	-10,920m	チャレンジャー海淵(太平洋,マリアナ海溝)
最深の湖	-1,741m	バイカル湖(ロシア)
陸上の最低点	-400m	死海の湖面(イスラエル,ヨルダン)
最高気温	56.7℃	デスヴァレー(アメリカ合衆国)
最低気温	-67.8℃	ヴェルホヤンスク,オイミャコン(ロシア)(北半球)
	-89.2℃	ヴォストーク基地(南極)(南半球)
最多年降水量	26,467mm	チェラプンジ(インド)
最少年平均降水量	0.76mm	アリーカ(チリ)

（3）世界のおもな山 （▲は火山）

山　名	所在地	高さ(m)
アジア		
エヴェレスト山	ヒマラヤ山脈	8,848
K2(ゴッドウィンオースティン山)	カラコルム山脈	8,611
カンチェンジュンガ山	ヒマラヤ山脈	8,586
チョーオユ山	ヒマラヤ山脈	8,201
ダウラギリ山	ヒマラヤ山脈	8,167
マナスル山	ヒマラヤ山脈	8,163
ナンガパルバット山	ヒマラヤ山脈	8,126
アンナプルナ山	ヒマラヤ山脈	8,091
ガッシャーブルム山	カラコルム山脈	8,068
シシャパンマフェン山	ヒマラヤ山脈	8,027
▲ダマヴァンド山	テンシャン山脈	7,439
	エルブールズ山脈	5,670
ヨーロッパ		
▲エルブルース山	カフカス山脈	5,642
モンブラン山	アルプス山脈	4,810
モンテローザ山	アルプス山脈	4,634
マッターホルン山	アルプス山脈	4,478
ユングフラウ山	アルプス山脈	4,158
▲エトナ山	シチリア島	3,330
ベンネヴィス山	イギリス	1,344
▲ヴェズヴィオ山	イタリア半島	1,281
アフリカ		
▲キリマンジャロ山	タンザニア	5,895
▲キリニャガ(ケニア)山	ケニア	5,199
ルウェンゾリ山	ウガンダ,コンゴ民主共和国	5,110
▲カメルーン山	カメルーン	4,095
北アメリカ		
デナリ(マッキンリー)山	アラスカ山脈	6,190
ローガン山	ロッキー山脈	5,959
▲オリサバ山	メキシコ	5,675
▲ポポカテペトル山	メキシコ	5,426
南アメリカ		
アコンカグア山	アンデス山脈	6,959
コトパクシ山	エクアドル	5,911
オセアニア		
ジャヤ峰	ニューギニア島	4,884
ギルウェ山	ニューギニア島	4,088
アオラキ(クック)山	ニュージーランド南島	3,724
▲タラナキ(エグモント)山	ニュージーランド北島	2,518
コジアスコ山	グレートディヴァイディング山脈	2,229
南極大陸		
ヴィンソンマッシーフ		4,897
▲エレバス山		3,794

（4）日本のおもな山 （▲は火山）

山　名	所在地	高さ(m)
北海道		
▲大雪山(旭岳)	北海道	2,291
▲昭和新山	北海道	398
東北		
▲燧ケ岳	福島	2,356
▲鳥海山	秋田・山形	2,236
▲岩手山	岩手	2,038
▲吾妻山(西吾妻)	福島・山形	2,035
▲月山	山形	1,984
▲蔵王山(熊野岳)	山形・宮城	1,841
▲磐梯山	福島	1,816
関東		
白根山	栃木・群馬	2,578
▲浅間山	群馬・長野	2,568
▲男体山	栃木	2,486
谷川岳	新潟・群馬	1,978
▲赤城山	群馬	1,828
▲箱根山(神山)	神奈川	1,438
▲三原山(三原新山)	東京(大島)	758
中部		
▲富士山(剣ケ峰)	山梨・静岡	3,776
北岳(白根山)	山梨	3,193
穂高岳(奥穂高)	長野・岐阜	3,190
槍ケ岳	長野・岐阜	3,180
▲御嶽山	長野・岐阜	3,067
▲乗鞍岳	長野・岐阜	3,026
▲立山(大汝山)	富山	3,015
剣岳	富山	2,999
駒ケ岳(甲斐駒)	長野・山梨	2,967
駒ケ岳(木曽駒)	長野	2,956
白馬岳	長野・富山	2,932
▲八ケ岳(赤岳)	長野・山梨	2,899
▲白山	石川・岐阜	2,702
近畿		
八経ケ岳(八剣山)	奈良	1,915
伊吹山	滋賀	1,377
中国・四国		
石鎚山(天狗岳)	愛媛	1,982
▲大山	鳥取	1,729
九州		
宮之浦岳	鹿児島(屋久島)	1,936
▲霧島山(韓国岳)	宮崎・鹿児島	1,700
▲阿蘇山(高岳)	熊本	1,592
▲雲仙岳(平成新山)	長崎	1,483
▲御岳(北岳)	鹿児島(桜島)	1,117

（5）世界のおもな川

河川名	流域面積(百km²)	長さ(km)
アジア		
オビ川	29,900	5,568[1]
エニセイ川	25,800	5,550
レナ川	24,900	4,400
長江(揚子江)	19,590	6,380
アムール川	18,550	4,416
ガンジス(ガンガ)川	} 16,210	2,510
ブラマプトラ川		2,840
インダス川	11,660	3,180
黄河	9,800	5,464
メコン川	8,100	4,425
ユーフラテス川	7,650	2,800
エーヤワディー川	4,300	1,992
ヨーロッパ		
ヴォルガ川	13,800	3,688
ドナウ川	8,150	2,850
ドニエプル川	5,105	2,200
ドン川	4,300	1,870
ドヴィナ川	3,620	1,750
ペチョラ川	3,200	1,809
ライン川	2,240	1,230
エルベ川	1,477	1,170
ロアール川	1,210	1,020
セーヌ川	778	780
テムズ川	136	365
アフリカ		
コンゴ川	37,000	4,667
ナイル川	33,490	6,695[2]
ニジェール川	18,900	4,184
ザンベジ川	13,300	2,736
オレンジ川	10,200	2,100
北アメリカ		
ミシシッピ川	32,500	5,969[3]
マッケンジー川	18,050	4,241
セントローレンス川	14,630	3,058
ユーコン川	8,550	3,185
コロンビア川	6,679	2,000
コロラド川	5,900	2,333
リオグランデ川	5,700	3,057
南アメリカ		
アマゾン川	70,500	6,516
ラプラタ川	31,000	4,500[4]
オリノコ川	9,450	2,500
オセアニア		
マリー川	10,580	3,672[5]

1) イルティシ川源流から　2) カゲラ川源流から　3) ミズーリ川源流から
4) パラナ川源流から　5) ダーリング川源流から

（6）日本のおもな川

河川名	流域面積(km²)	長さ(km)
北海道		
石狩川	14,330	268
十勝川	9,010	156
天塩川	5,590	256
東北		
北上川	10,150	249
最上川	7,040	229
阿武隈川	5,400	239
雄物川	4,710	133
米代川	4,100	136
岩木川	2,540	102
関東		
利根川	16,840	322
那珂川	3,270	150
荒川	2,940	173
相模川	1,680	109
多摩川	1,240	138
中部		
信濃川	11,900	367
木曽川	9,100	229
阿賀野川	7,710	210
天竜川	5,090	213
富士川	3,990	128
九頭竜川	2,930	116
大井川	1,280	168
庄川	1,180	115
近畿		
淀川	8,240	75
熊野川	2,360	183
由良川	1,880	146
紀の川	1,750	136
中国・四国		
江の川	3,900	194
吉野川	3,750	194
高梁川	2,670	111
四万十川	2,270	196
吉井川	2,110	133
旭川	1,810	142
太田川	1,710	103
仁淀川	1,560	124
九州		
筑後川	2,863	143
大淀川	2,230	107
球磨川	1,880	115
五ケ瀬川	1,820	106

（7）世界のおもな島

島　名	所属	面積(km²)
グリーンランド	デンマーク	2,175,600
ニューギニア	インドネシア,パプアニューギニア	771,900
カリマンタン(ボルネオ)	インドネシア,マレーシア,ブルネイ	736,600
マダガスカル	マダガスカル	590,300
バッフィン	カナダ	512,200
スマトラ	インドネシア	433,800
グレートブリテン	イギリス	217,800
スラウェシ	インドネシア	179,400
南島	ニュージーランド	150,500
ジャワ	インドネシア	126,100
キューバ	キューバ	114,500
北島	ニュージーランド	114,300
ニューファンドランド	カナダ	110,700
ルソン	フィリピン	105,700
アイスランド	アイスランド	102,800
ミンダナオ	フィリピン	95,600
アイルランド	アイルランド,イギリス	82,100
樺太(サハリン)	ロシア,所属未定	77,000
タスマニア	オーストラリア	67,900
セイロン	スリランカ	65,600
台湾	中国(台湾)	36,000
ハイナン	中国	35,600
ティモール	インドネシア,東ティモール	33,000
シチリア	イタリア	25,500
ニューカレドニア	フランス	16,100
ジャマイカ	ジャマイカ	11,500
ハワイ	アメリカ	10,400

（8）日本のおもな島

島　名	所属	面積(km²)
本州		227,941
北海道		77,984
九州		36,783
四国		18,297
択捉島	北海道	3,167
国後島	北海道	1,489
沖縄島	沖縄	1,207
佐渡島	新潟	855
大島(奄美大島)	鹿児島	712
対馬島	長崎	696
淡路島	兵庫	593
天草下島	熊本	575
屋久島	鹿児島	504
種子島	鹿児島	444
福江島	長崎	326
西表島	沖縄	290
徳之島	鹿児島	248
色丹島	北海道	248
島後	島根	242
天草上島	熊本	226
石垣島	沖縄	222
利尻島	北海道	182
中通島	長崎	168
宮古島	沖縄	159
小豆島	香川	153
奥尻島	北海道	143
壱岐島	長崎	135
竹島	島根	0.2

（9）世界のおもな湖沼

湖沼名	面積(km²)	最大水深(m)
アジア		
*カスピ海	374,000	1,025
バイカル湖	31,500	1,741
*バルハシ湖	18,200	26
*アラル海	10,030	43
アフリカ		
ヴィクトリア湖	68,800	84
タンガニーカ湖	32,000	1,471
マラウイ湖	22,490	706
チャド湖	3,000	10
北アメリカ		
スペリオル湖	82,367	406
ヒューロン湖	59,570	228
ミシガン湖	58,016	281
グレートスレーブ湖	28,568	625
ウィニペグ湖	23,750	36
南アメリカ		
マラカイボ湖	13,010	60
チチカカ湖	8,372	281

*印は塩湖

（10）日本のおもな湖沼

湖沼名	面積(km²)	最大水深(m)
琵琶湖〔滋賀〕	669	104
霞ケ浦〔茨城〕	168	12
サロマ湖〔北海道〕	152	20
猪苗代湖〔福島〕	103	94
中海〔島根・鳥取〕	86	17
屈斜路湖〔北海道〕	80	118
宍道湖〔島根〕	79	6
支笏湖〔北海道〕	78	360
洞爺湖〔北海道〕	71	180
浜名湖〔静岡〕	65	13
小川原湖〔青森〕	62	27
十和田湖〔青森・秋田〕	61	327
北浦〔茨城〕	35	10
田沢湖〔秋田〕	26	423
摩周湖〔北海道〕	19	211
諏訪湖〔長野〕	13	8
中禅寺湖〔栃木〕	12	163
桧原湖〔福島〕	11	31
印旛沼〔千葉〕	9	5
河口湖〔山梨〕	7	13

（11）世界のおもな海溝

海溝名	最大深度(m)		
マリアナ海溝(チャレンジャー海淵)	10,920	フィリピン海溝	10,057
		ケルマデック海溝	10,047
トンガ海溝	10,800	伊豆・小笠原海溝	9,810
		千島・カムチャツカ海溝	9,550
		プエルトリコ海溝	8,605

(12) 世界の国別統計(太字は1位，斜字は2位から5位までの国を示す。面積・人口密度は居住不能な極地・島を除く。)

国番号	正式国名	首都	IOCコード*	人口(万人)2019年	面積(万km²)2019年	人口密度(人/km²)2019年	第1次	第2次	第3次	老年人口率65歳以上(%)2019年	1人あたりの国民総所得(ドル)2019年	輸出	輸入
	アジア(47か国)												
1	アゼルバイジャン共和国	バクー	AZE	1,002	8.7	116	36.0	14.8	49.2	6.4	4,480	19,636	13
2	アフガニスタン・イスラム共和国	カブール	AFG	3,072	65.3	47	[17)]42.8	17.6	39.6	2.6	540	[18)]1,769	14
3	アラブ首長国連邦	アブダビ	AZE[18)] UAE	936	7.1	132	2.2	28.8	69.0	1.2	43,470	[18)]387,910	244
4	アルメニア共和国	エレバン	ARM	296	3.0	100	[18)]25.8	22.8	51.4	11.5	4,680	2,612	5
5	イエメン共和国	サヌア	YEM[17)]	2,817	52.8	53	[14)]29.2	14.5	56.3	2.9	[18)]940	[15)]510	4
6	イスラエル	エルサレム	ISR	905	2.2	410	0.9	16.1	83.0	12.2	43,290	58,488	76
7	イラク共和国	バグダッド	IRQ	3,883	43.5	89	[08)]23.4	18.2	58.4	3.4	5,740	[14)]43,774	37
8	イラン・イスラム共和国	テヘラン	IRI	8,307	162.9	51	17.8	32.2	50.0	6.4	[17)]5,420	[17)]105,840	51
9	インド	デリー	IND	*131,224*	*328.7*	*399*	[18)]43.3	24.9	31.8	6.4	2,130	323,251	478
10	インドネシア共和国	ジャカルタ	INA	*26,691*	191.1	140	28.5	22.4	49.1	6.1	4,050	167,003	170
11	ウズベキスタン共和国	タシケント	UZB	3,325	44.9	74	[18)]26.6	22.7	50.7	4.6	1,800	14,930	21
12	オマーン国	マスカット	OMA	461	31.0	15	[18)]4.4	46.2	49.4	2.4	15,330	41,761	[18)]25
13	カザフスタン共和国	ヌルスルタン	KAZ	1,851	272.5	7	[17)]13.7	19.8	66.5	7.7	8,810	57,723	38
14	カタール国	ドーハ	QAT	279	1.2	241	[17)]1.2	54.5	44.3	1.5	63,410	72,935	27
15	カンボジア王国	プノンペン	CAM	1,528	18.1	84	[17)]38.2	25.5	36.3	4.7	1,480	12,700	[18)]
16	キプロス共和国	ニコシア	CYP	87	0.9	95	2.4	18.4	79.2	14.0	27,710	3,528	9
17	キルギス共和国	ビシュケク	KGZ	639	20.0	32	[18)]20.4	24.6	55.0	4.6	1,240	1,835	5
18	クウェート国	クウェート	KUW	442	1.8	248	2.1	20.8	77.0	2.8	[18)]34,290	71,941	35
19	サウジアラビア王国	リヤド	KSA	3,421	220.7	16	2.5	24.8	72.7	3.4	22,850	[16)]207,572	[18)]135
20	ジョージア	トビリシ	GEO	372	7.0	53	38.1	14.3	47.6	15.1	4,740	3,764	9
21	シリア・アラブ共和国	ダマスカス	SYR[15)]	1,799	18.5	97	[11)]13.2	31.4	55.4	[07)]4.7	1,820	[10)]11,353	[10)]17
22	シンガポール共和国	シンガポール	SIN	570	0.07	*7,867*	0.0	14.0	86.0	12.4	59,590	390,332	358
23	スリランカ民主社会主義共和国	スリジャヤワルダナプラコッテ	SRI	2,180	6.6	332	[17)]25.3	27.6	47.1	10.8	4,020	11,741	21
24	タイ王国	バンコク	THA	6,637	51.3	129	31.4	22.8	45.8	12.4	7,260	233,674	216
25	大韓民国	ソウル	KOR	5,133	10.0	512	5.1	24.5	70.4	15.1	33,720	542,172	503
26	タジキスタン共和国	ドゥシャンベ	TJK	912	14.3	64	[18)]45.8	15.5	38.7	3.1	1,030	[17)]873	[17)]2
27	中華人民共和国	ペキン	CHN	**[①]142,949**	**[①]960.1**	**[①]149**	25.1	27.5	47.4	11.5	10,410	[18)]**2,494,230**	[18)]*2,134*
28	朝鮮民主主義人民共和国	ピョンヤン	PRK	2,518	12.1	209	—	—	—	9.3	—	[18)]222	[18)]2
29	トルクメニスタン	アシガバット	TKM[15)]	556	48.8	11	—	—	—	4.6	[18)]6,740	[17)]7,458	[17)]4
30	トルコ共和国	アンカラ	TUR	8,237	78.4	105	18.1	25.3	56.6	8.7	9,610	180,839	210
31	日本	東京	JPN	12,626	37.8	334	3.3	23.7	73.0	**28.0**	41,690	*705,730*	721
32	ネパール連邦民主共和国	カトマンズ	NEP	2,961	14.7	201	[08)]71.3	7.4	21.3	5.8	1,090	[17)]741	10
33	パキスタン・イスラム共和国	イスラマバード	PAK	20,777	79.6	261	[18)]37.4	25.0	37.6	4.3	1,530	23,759	50
34	バーレーン王国	マナーマ	BRN	148	0.08	*1,906*	[15)]1.1	34.7	64.2	2.5	22,110	14,348	20
35	バングラデシュ人民共和国	ダッカ	BAN	16,650	14.8	*1,122*	40.6	20.4	39.0	5.2	1,940	[15)]31,734	48
36	東ティモール民主共和国	ディリ	TLS	128	1.5	86	46.3	8.5	45.2	4.3	1,890	[17)]24	[17)]
37	フィリピン共和国	マニラ	PHI	10,728	30.0	358	22.9	19.1	58.0	5.3	3,850	70,927	117
38	ブータン王国	ティンプー	BHU	74	3.8	19	58.0	9.7	32.3	[18)]6.1	2,970	[12)]531	
39	ブルネイ・ダルサラーム国	バンダルスリブガワン	BRU	46	0.6	80	0.2	20.8	77.2	5.2	32,230	7,039	4
40	ベトナム社会主義共和国	ハノイ	VIE	9,620	33.1	290	29.4	31.9	38.7	7.6	2,540	264,610	253
41	マレーシア	クアラルンプール	MAS	3,258	33.1	99	[17)]11.3	27.7	61.0	6.9	11,200	238,089	204
42	ミャンマー連邦共和国	ネーピードー	MYA	5,434	67.7	80	48.9	16.9	34.2	6.0	1,390	17,997	18
43	モルディブ共和国	マレ	MDV	53	0.03	*1,780*	[16)]9.0	18.3	72.7	4.3	9,650	[18)]182	
44	モンゴル国	ウランバートル	MGL	326	156.4	2	25.3	21.6	53.1	4.2	3,780		
45	ヨルダン・ハシェミット王国	アンマン	JOR	1,055	8.9	118	[04)]3.3	18.4	78.3	3.9	4,300	8,313	19
46	ラオス人民民主共和国	ビエンチャン	LAO	712	23.7	30	[17)]31.3	14.1	54.6	4.2	2,570	5,809	5
47	レバノン共和国	ベイルート	LIB[15)]	653	1.0	625	[09)]3.6	20.5	75.9	7.3	7,600	2,953	[18)]19
	アフリカ(54か国)												
1	アルジェリア民主人民共和国	アルジェ	ALG	4,341	238.2	18	[17)]10.1	30.9	59.0	6.6	3,970	35,191	[17)]46
2	アンゴラ共和国	ルアンダ	ANG	3,017	124.7	24	[17)]44.2	6.1	49.7	2.2	3,050	[18)]42,097	16
3	ウガンダ共和国	カンパラ	UGA	4,030	24.2	167	[17)]71.7	7.0	21.3	2.0	780	3,087	6
4	エジプト・アラブ共和国	カイロ	EGY	9,890	100.2	99	[17)]21.6	26.8	51.6	5.3	2,690	30,633	78
5	エスワティニ王国	ムババーネ	SWZ	117	1.7	68	[16)]12.9	24.0	63.1	4.0	3,590	2,002	1
6	エチオピア連邦民主共和国	アディスアベバ	ETH	9,853	110.4	89	[13)]71.0	8.4	20.6	3.5	850	1,549	[18)]14
7	エリトリア国	アスマラ	ERI	337	12.1	28	—	—	—	[11)]4.8	[03)]600	[03)]4	
8	ガーナ共和国	アクラ	GHA	3,028	23.9	127	[17)]28.4	21.0	50.6	3.1	2,220	16,768	10
9	カーボベルデ共和国	プライア	CPV	55	0.4	136	10.6	21.8	67.6	4.7	3,630	[18)]75	8
10	ガボン共和国	リーブルビル	GAB[15)]	194	26.8	7	[93)]43.5	9.6	46.9	3.5	7,210	[09)]5,356	[09)]2
11	カメルーン共和国	ヤウンデ	CMR	2,549	47.6	54	47.5	14.1	38.4	2.7	1,500	[17)]3,264	[17)]5
12	ガンビア共和国	バンジュール	GAM	221	1.1	196	[12)]29.6	15.4	55.0	2.6	740	25	2
13	ギニア共和国	コナクリ	GUI	1,221	24.6	50	[12)]74.8	5.6	19.6	2.9	950	[15)]1,574	2
14	ギニアビサウ共和国	ビサウ	GBS	160	3.6	44	—	—	—	2.9	820	[05)]23	[05)]1
15	ケニア共和国	ナイロビ	KEN	4,756	59.2	80	[05)]61.1	6.7	32.2	2.4	1,750	6,050	[18)]17
16	コートジボワール共和国	ヤムスクロ	CIV	2,582	32.2	80	[17)]41.9	12.5	45.6	2.9	2,290	12,718	10
17	コモロ連合	モロニ	COM[15)]	77	0.2	348	[14)]38.0	19.0	43.0	3.1	1,420	49	2
18	コンゴ共和国	ブラザビル	CGO	533	34.2	16	35.2	20.6	44.2	2.7	1,750	5,576	2
19	コンゴ民主共和国	キンシャサ	COD	7,624	234.5	33	[05)]71.5	8.2	20.3	3.0	520	10,980	10
20	サントメ・プリンシペ民主共和国	サントメ	STP	20	0.1	214	[06)]26.2	14.5	59.3	3.0	1,960	10	1
21	ザンビア共和国	ルサカ	ZAM	1,738	75.3	23	[12)]55.8	10.1	34.1	2.1	1,450	7,029	7
22	シエラレオネ共和国	フリータウン	SLE	790	7.2	109	[14)]57.0	6.0	37.0	2.9	500	[17)]103	1
23	ジブチ共和国	ジブチ	DJI[15)]	91	2.3	39	—	—	—	4.6	3,540	[09)]364	[09)]
24	ジンバブエ共和国	ハラレ	ZIM[18)]	1,484	39.1	38	[14)]67.2	7.4	25.4	3.0	1,390	4,279	4
25	スーダン共和国	ハルツーム	SUD	4,020	184.7	22	[17)]44.0	15.1	40.9	3.6	590	3,619	10
26	赤道ギニア共和国	マラボ	GEQ	140	2.8	50	[83)]76.3	4.8	18.9	2.4	6,460	[17)]6,118	[17)]2
27	セーシェル共和国	ビクトリア	SEY	9	0.05	214	3.3	12.8	83.9	7.8	16,870	824	1
28	セネガル共和国	ダカール	SEN	1,620	19.7	82	[15)]15.3	19.8	64.9	3.3	1,450	4,175	8

※オリンピックで用いられる国名の略称(→P.125)。19)西暦下2けたの年次。 ①ホンコン，マカオ，台湾を含む。

…貨単位	独立年月と旧宗主国		おもな民族(%)	おもな宗教(%)	おもな言語	国番号
…イジャン・マナト	1991.8	—	アゼルバイジャン人92	イスラーム96	アゼルバイジャン語	1
…ガニー	—	イギリス	パシュトゥーン人42,タジク系27	イスラーム99	ダリー語,パシュトゥー語	2
…ディルハム	1971.12	イギリス	南アジア系59,自国籍アラブ人12	イスラーム62,ヒンドゥー教21	アラビア語	3
…ム	1991.9	—	アルメニア人98	アルメニア教会73	アルメニア語	4
…メン・リアル	1990.5	トルコ・イギリス	アラブ人93	イスラーム99	アラビア語	5
…エケル	1948.5	イギリス	ユダヤ人75,アラブ21	ユダヤ教75,イスラーム19	ヘブライ語,アラビア語	6
…・ディナール	—	イギリス	アラブ人65,クルド人23	イスラーム96	アラビア語,クルド語	7
…ン・リアル	—	イギリス	ペルシア系35,アゼルバイジャン系16	イスラーム99	ペルシア語	8
…ド・ルピー	1947.8	イギリス	インド・アーリヤ系72,ドラヴィダ系25	ヒンドゥー教80,イスラーム14	ヒンディー語,英語	9
…ア	1945.8	オランダ	ジャワ人40,スンダ人16	イスラーム87,キリスト教10	インドネシア語	10
	1991.8	—	ウズベク人78	イスラーム76	ウズベク語,ロシア語	11
…ン・リアル	—	ポルトガル	アラブ人55,インド・パキスタン系32	イスラーム89	アラビア語	12
…ゲ	1991.12	—	カザフ66,ロシア系22	イスラーム70,キリスト教26	カザフ語,ロシア語	13
…ール・リヤル	1971.9	イギリス	アラブ人40,インド系20	イスラーム68,キリスト教14	アラビア語	14
…ル	1953.11	フランス	カンボジア人(クメール)85	仏教97	カンボジア語(クメール)	15
…ロ	1960.8	イギリス	ギリシャ系81,トルコ系11	ギリシャ正教78,イスラーム18	ギリシャ語,トルコ語	16
	1991.8	—	キルギス人71,ウズベク系14	イスラーム61,キリスト教10	キルギス語,ロシア語	17
…ート・ディナール	1961.6	イギリス	アラブ人70,アジア系38	イスラーム74,キリスト教13	アラビア語	18
…ジ・リヤル	—	イギリス	サウジ系アラブ人74	イスラーム94	アラビア語	19
	1991.4	—	ジョージア人87	ジョージア正教84,イスラーム11	ジョージア語	20
…ア・ポンド	1946.4	フランス	アラブ人90	イスラーム88	アラビア語,クルド語	21
…ポール・ドル	1965.8	イギリス	中国系74,マレー系13	仏教33,キリスト教18	マレー語,中国語,タミル語,英語	22
…ランカ・ルピー	1948.2	イギリス	シンハラ人75,タミル人15	仏教70,ヒンドゥー教13	シンハラ語,タミル語	23
…ーツ	—	—	タイ人81,中国系11	仏教95	タイ語	24
…ウォン	1948.8	日本	朝鮮民族(韓民族)98	キリスト教28,仏教16	韓国語	25
…ニ	1991.9	—	タジク人84,ウズベク系12	イスラーム84	タジク語,ロシア語	26
	—	—	漢民族92	道教,仏教	標準中国語,中国語7地域方言	27
…鮮ウォン	1948.9	日本	朝鮮民族99.8	仏教,キリスト教	朝鮮語	28
…クメン・マナト	1991.10	—	トルクメン人85	イスラーム87	トルクメン語,ロシア語	29
	—	—	トルコ人65,クルド人19	イスラーム98	トルコ語,クルド語	30
…ール・ルピー	—	—	日本人	神道,仏教,キリスト教など	日本語	31
	—	—	チェトリ人17,ブラーマン人12	ヒンドゥー教81,仏教9	ネパール語	32
…スタン・ルピー	1947.8	イギリス	パンジャブ人53,パシュトゥン人13	イスラーム96	ウルドゥー語,英語	33
…ーン・ディナール	1971.8	イギリス	アラブ人51,アジア系46	イスラーム82,キリスト教11	アラビア語	34
	1971.12	パキスタン	ベンガル人98	イスラーム89,ヒンドゥー教10	ベンガル語	35
…ル	2002.5	—	メラネシア系,マレー系	カトリック98	テトゥン語,ポルトガル語	36
…リピン・ペソ	1946.7	アメリカ合衆国	タガログ人28,セブアノ人13	カトリック80	フィリピノ語,英語	37
…タム	—	—	ブータン系50,ネパール系	チベット仏教74,ヒンドゥー教25	ゾンカ語,ネパール語	38
…ネイ・ドル	1984.1	イギリス	マレー系66,中国系10	イスラーム79	マレー語	39
	1945.9	フランス	ベトナム人(キン人)86	仏教8,カトリック7	ベトナム語	40
…ンギット	1957.8	イギリス	ブミプトラ62,中国系23	イスラーム61,仏教20	マレー語,英語,中国語	41
…ット	1948.1	イギリス	ビルマ人68	仏教88	ミャンマー語(ビルマ語)	42
…フィア	1965.7	イギリス	モルディブ人99	イスラーム94	ディヴェヒ語	43
…グルグ	—	中国	モンゴル人(ハルハ人)82	仏教53(おもにチベット仏教)	モンゴル語	44
…ダン・ディナール	1946.5	—	アラブ人98	イスラーム97	アラビア語	45
…ープ	1953.10	フランス	ラオ人53,クムー人11	仏教65	ラオ語	46
…ノン・ポンド	1943.11	フランス	アラブ人85	イスラーム59,キリスト教41	アラビア語	47
…ェリア・ディナール	1962.7	フランス	アラブ人74,アマジグ(ベルベル)系2	イスラーム99.7	アラビア語,アマジグ語	1
…ンザ	1975.11	ポルトガル	オヴィンブンド人37,キンブンド人25	カトリック55,独立派キリスト30	ポルトガル語,ウンブンド語	2
…ンダ・シリング	1962.10	イギリス	ガンダ人17,バニャンコレ人10	キリスト教85,イスラーム12	英語,スワヒリ語	3
…プト・ポンド	—	イギリス	エジプト人(アラブ人)99.6	イスラーム90,キリスト教10	アラビア語	4
…ンゲニ	1968.9	イギリス	スワティ人82,ズールー人10	キリスト教90	スワティ語,英語	5
…レ	1993.5	—	オロモ人35,アムハラ人26	エチオピア教会43,イスラーム34	アムハラ語	6
…ファ	1993.5	—	ティグライ人53,ティグレ人30	キリスト教50,イスラーム48	ティグリニャ語,アラビア語,英語	7
…ディ	1957.3	イギリス	アカン人48,モレダバン人17	キリスト教71,イスラーム18	英語,アサンテ語	8
…スクード	1975.7	ポルトガル	アフリカ系とヨーロッパ系の混血77	カトリック77	ポルトガル語,クレオール語	9
…Aフラン(注)	1960.8	フランス	ファン人29,ブヌ人10	カトリック42,プロテスタント14	フランス語,ファン語	10
…Aフラン	1960.1	イギリス・フランス	バミレケ人12,フラ人9	カトリック38,プロテスタント26	フランス語,英語	11
…ラシ	1965.2	イギリス	マンディンカ人43,フラ人22	イスラーム90	英語,マンディンカ語	12
…ニア・フラン	1958.10	フランス	フラ32,マリンケ30	イスラーム87	フランス語,フラ語	13
…Aフラン	1973.9	ポルトガル	フラ人24,バランタ人23	イスラーム45,キリスト教22	ポルトガル語,クレオール語	14
…ニア・シリング	1963.12	イギリス	キクユ17,ルヒヤ14	キリスト教83,イスラーム11	スワヒリ語,英語	15
…Aフラン	1960.8	フランス	アカン29,ボルタイック人・グロ16	イスラーム43,キリスト教34	フランス語	16
…モロ・フラン	1975.7	フランス	コモロ人97	イスラーム98	コモロ語,アラビア語,フランス語	17
…Aフラン	1960.8	フランス	コンゴ人48,サンガ人20	キリスト教79	フランス語,リンガラ語	18
…ンゴ・フラン	1960.6	ベルギー	ルバ18,コンゴ人16	キリスト教80,イスラーム10	フランス語,スワヒリ語	19
…ブラ	1975.7	ポルトガル	アフリカ系とヨーロッパ系の混血80	カトリック80,プロテスタント15	ポルトガル語,クレオール語	20
…ビア・クワチャ	1964.10	イギリス	ベンバ人21,トンガ人14	プロテスタント75,カトリック20	英語,ベンバ語	21
…オネ	1961.4	イギリス	テムネ人35,メンデ人31	イスラーム65,キリスト教25	英語,メンデ語	22
…プチ・フラン	1977.6	フランス	ソマリ人46,アファル人35	イスラーム94	フランス語,アラビア語	23
…ンバブエ・ドル	1980.4	イギリス	ショナ人71,ンデベレ人16	キリスト教94	英語,ショナ語,ンデベレ語	24
…ーダン・ポンド	1956.1	イギリス・エジプト	アフリカ系52,アラブ人39	イスラーム68,伝統信仰11	アラビア語,英語	25
…Aフラン	1968.10	スペイン	ファン人57,ブビ人10	キリスト教87	スペイン語,フランス語,ポルトガル語	26
…ーシェル・ルピー	1976.6	イギリス	クレオール93	カトリック76,プロテスタント11	クレオール語,英語,フランス語	27
	—	—	ウォロフ人39,フラ人27	イスラーム95	フランス語,ウォロフ語	28

(注) アフリカ金融共同体フラン。

(13) 世界のおもな都市の人口

(調査年次は西暦の下2桁を掲載)

〔The Statesman's Yearbook 2019, ほか〕

都市名	国名	人口(万人)	調査年次
【ア行】			
アシガバット	トルクメニスタン	70	(12)
アディスアベバ	エチオピア	421	(17)
アテネ	ギリシャ	66	(11)
アビジャン	コートジボワール	439	(14)
アムステルダム	オランダ	84	(17)
アルマティ	カザフスタン	180	(18)
アレクサンドリア	エジプト	402	(06)
アンカラ	トルコ	516	(18)
アントウェルペン	ベルギー	52	(18)
イスタンブール	トルコ	1,506	(18)
ヴァンクーヴァー	カナダ	67	(17)
ウィーン	オーストリア	189	(18)
ヴォルゴグラード	ロシア	101	(18)
ウーハン	中国	518	(18)
エカテリンブルク	ロシア	146	(18)
エッセン	ドイツ	58	(17)
エディンバラ	イギリス	51	(17)
エレバン	アルメニア	107	(17)
オークランド	ニュージーランド	169	(17)
オスロ	ノルウェー	67	(17)
オデッサ	ウクライナ	101	(19)
【カ行】			
カイロ	エジプト	774	(06)
カオシュン	(台湾)	277	(19)
カザニ(カザン)	ロシア	124	(18)
カサブランカ	モロッコ	335	(14)
カラカス	ベネズエラ	208	(13)
カラチ	パキスタン	1,491	(17)
キエフ	ウクライナ	295	(17)
キト	エクアドル	179	(17)
キャンベラ	オーストラリア	41	(17)
グアダラハラ	メキシコ	153	(18)
グアヤキル	エクアドル	255	(17)
クラクフ	ポーランド	76	(17)
グラスゴー	イギリス	62	(17)
クンミン	中国	282	(16)
ケソンシティ	フィリピン	293	(15)
ケープタウン	南アフリカ共和国	400	(17)
ケルン	ドイツ	108	(17)
コペンハーゲン	デンマーク	77	(17)
コルカタ(カルカッタ)	インド	449	(11)
コロンボ	スリランカ	56	(12)
コワンチョウ	中国	870	(16)
【サ行】			
サンクトペテルブルク	ロシア	535	(18)
サンティアゴ	チリ	561	(17)
サンパウロ	ブラジル	1,217	(18)
サンフランシスコ	アメリカ合衆国	88	(17)
シアトル	アメリカ合衆国	72	(17)
シーアン	中国	629	(16)
シカゴ	アメリカ合衆国	271	(17)
シドニー	オーストラリア	513	(16)
ジャカルタ	インドネシア	1,037	(16)
シャンハイ	中国	1,450	(16)
シンガポール	シンガポール	570	(18)
ストックホルム	スウェーデン	94	(17)
スラバヤ	インドネシア	287	(16)
セビリア	スペイン	68	(17)
ソウル	韓国	999	(18)
ソフィア	ブルガリア	126	(17)
【タ行】			
タイペイ	(台湾)	266	(19)
ダカール	セネガル	*264	(13)
タシケント	ウズベキスタン	239	(16)
ダッカ	バングラデシュ	703	(16)
ダブリン	アイルランド	54	(16)
ダマスカス	シリア	178	(11)
ダラス	アメリカ合衆国	134	(17)
ターリエン	中国	398	(16)
タリン	エストニア	42	(17)
チェンナイ	インド	464	(11)
チャンチュン	中国	436	(16)
チューリヒ	スイス	40	(17)
チョンチン	中国	2,448	(16)
チョントゥー	中国	774	(16)
チンタオ	中国	379	(16)
テグ	韓国	247	(18)
デトロイト	アメリカ合衆国	67	(17)
テヘラン	イラン	869	(16)

注) 人口は市域人口をさす。* は都市的地域の人口。

国番号	正式国名	首都	IOCコード	人口(万人)2019年	面積(万km²)2019年	人口密度(人/km²)2019年	産業別人口の割合(%)2019年 第1次	第2次	第3次	老年人口率65歳以上(%)2019年	1人あたりの国民総所得(ドル)2019年	貿易額(百万ドル)2019年 輸出	輸
29	ソマリア連邦共和国	モガディシュ	SOM	15) 1,379	63.8	22	—	—	—	2.9	—	14) 819	14)
30	タンザニア連合共和国	ダルエスサラーム	TAN	5,589	94.7	59	14) 68.1	6.3	25.6	2.6	1,080	17) 4,178	17)
31	チャド共和国	ンジャメナ	CHA	1,569	128.4	12	18) 70.4	8.9	20.7	2.5	700	2,464	17)
32	中央アフリカ共和国	バンギ	CAF	15) 449	62.3	7	—	—	—	2.8	520	17) 197	17)
33	チュニジア共和国	チュニス	TUN	1,172	16.4	72	17) 14.7	33.1	52.2	8.6	3,360	14,944	21
34	トーゴ共和国	ロ メ	TOG	761	5.7	134	15) 11.1	11.1	77.8	2.9	690	917	
35	ナイジェリア連邦共和国	アブジャ	NGR	16) 19,339	92.4	209	13) 37.8	11.7	50.5	2.7	2,030	62,400	43
36	ナミビア共和国	ウィントフック	NAM	245	82.4	3	18) 22.6	16.2	61.2	3.6	5,060	6,256	8
37	ニジェール共和国	ニ ア メ	NIG	17) 2,065	126.7	16	74.5	7.2	18.3	2.4	560	16) 930	1
38	ブルキナファソ	ワガドゥグー	BUR	2,087	27.3	76	06) 78.4	5.3	16.3	2.4	790	3,283	4
39	ブルンジ共和国	ブジュンブラ	BDI	1,204	2.8	433	17) 86.3	3.5	10.2	2.3	170	18) 169	1
40	ベナン共和国	ポルトノボ	BEN	18) 1,149	11.5	100	11) 43.6	18.6	37.8	3.3	1,250	852	2
41	ボツワナ共和国	ハボローネ	BOT	233	58.2	4	10) 7.2	18.0	74.8	4.4	7,660	5,238	6
42	マダガスカル共和国	アンタナナリボ	MAD	2,662	58.7	45	74.5	9.2	16.3	2.6	520	2,689	3
43	マラウイ共和国	リロングウェ	MAW	1,756	11.8	149	—	—	—	2.6	380	17) 884	1
44	マ リ 共 和 国	バ マ コ	MLI	18) 1,941	124.0	16	18) 63.0	7.7	29.3	2.5	880	1,903	17) 4
45	南アフリカ共和国	プレトリア	RSA	5,877	122.1	48	5.3	22.3	72.4	5.4	6,040	89,396	88
46	南スーダン共和国	ジュバ	SSD	18) 1,232	65.9	19	—	—	—	3.4	15) 1,090		
47	モザンビーク共和国	マ プ ト	MOZ	2,931	79.9	37	15) 72.1	7.7	20.2	2.9	480	18) 5,196	6
48	モーリシャス共和国	ポートルイス	MRI	126	0.2	640	11) 5.6	23.9	70.5	12.0	12,740	1,876	5
49	モーリタニア・イスラム共和国	ヌアクショット	MTN	18) 398	103.1	4	31.9	17.7	50.4	3.2	1,660	17) 1,989	3
50	モロッコ王国	ラ バ ト	MAR	3,558	44.7	80	14) 37.2	17.7	45.1	7.3	3,190	29,328	51
51	リ ビ ア	トリポリ	LBA	15) 616	167.6	4	86) 19.7	30.0	50.3	4.5	7,640	18,380	11
52	リベリア共和国	モンロビア	LBR	15) 447	11.1	40	14) 33.7	9.0	57.3	3.2	580	17) 261	1
53	ルワンダ共和国	キ ガ リ	RWA	1,237	2.6	470	37.5	18.6	43.9	3.0	820	992	3
54	レ ソ ト 王 国	マ セ ル	LES	16) 200	3.0	66	08) 42.1	21.6	36.3	4.9	1,360	673	17)
1	アイスランド共和国	レイキャビク	ISL	35	10.3	3	4.0	17.4	78.6	15.2	72,850	5,228	6
2	アイルランド	ダブリン	IRL	490	7.0	70	4.4	18.7	76.9	14.2	62,210	170,743	101
3	アルバニア共和国	ティラナ	ALB	286	2.9	100	17) 36.4	20.2	43.4	14.2	5,240	2,876	5
4	アンドラ公国	アンドララベリャ	AND	7	0.05	163	—	—	—	13.6	—	18) 129	1
5	イタリア共和国	ロ ー マ	ITA	18) 6,042	30.2	200	3.9	25.9	70.2	23.0	34,460	532,684	473.
6	ウクライナ	キ エ フ	UKR	4,215	60.4	70	17) 15.4	24.3	60.3	16.7	3,370	18) 47,335	18) 57.
7	エストニア共和国	タ リ ン	EST	132	4.5	29	3.2	28.7	68.1	20.0	23,220	16,811	18.
8	オーストリア共和国	ウィーン	AUT	885	8.4	106	3.7	25.4	70.9	19.1	51,300	171,532	176.
9	オランダ王国	アムステルダム	NED	1,728	4.2	416	1.9	14.5	83.6	19.6	53,200	577,617	514.
10	北マケドニア共和国	スコピエ	MKD	207	2.6	81	13.9	31.1	55.0	14.1	5,910	7,186	9.
11	ギリシャ共和国	ア テ ネ	GRE	1,072	13.2	81	11.6	15.3	73.1	21.9	20,320	37,886	62.
12	グレートブリテン及び北アイルランド連合王国	ロンドン	GBR	6,679	24.2	275	1.0	18.1	80.9	18.5	42,370	468,322	692,
13	クロアチア共和国	ザグレブ	CRO	407	5.7	72	6.2	27.6	66.2	20.9	14,910	17,063	28.
14	コソボ共和国	プリシュティナ	KOS	178	1.1	163	5.2	27.6	67.2	—	4,640	17) 428	17) 3.
15	サンマリノ共和国	サンマリノ	SMR	18) 3	61km²	574	16) 0.3	42.4	57.3	18) 19.4	—	11) 3,827	11) 2.
16	ス イ ス 連 邦	ベ ル ン	SUI	851	4.1	206	2.5	19.9	77.6	18.8	85,500	①313,630	①276.
17	スウェーデン王国	ストックホルム	SWE	1,023	43.9	23	1.7	18.3	80.0	20.2	55,840	160,538	158.
18	スペイン王国	マドリード	ESP	4,693	50.6	93	4.0	20.4	75.6	19.6	30,390	337,215	375.
19	スロバキア共和国	ブラチスラバ	SVK	545	4.9	111	2.8	36.1	61.1	16.2	19,320	90,050	90.
20	スロベニア共和国	リュブリャナ	SLO	208	2.0	103	4.3	33.9	61.8	20.2	25,750	37,575	38.
21	セルビア共和国	ベオグラード	SRB	696	7.8	90	15.6	27.4	57.0	18.7	7,020	19,633	26.
22	チェコ共和国	プ ラ ハ	CZE	1,066	7.9	135	2.7	37.2	60.1	19.8	22,000	198,852	178.
23	デンマーク王国	コペンハーゲン	DEN	581	4.3	135	2.2	18.5	79.3	20.0	63,240	109,907	97.
24	ドイツ連邦共和国	ベルリン	GER	8,301	35.8	232	1.2	27.2	71.6	21.6	48,520	1,492,835	1,240.
25	ノルウェー王国	オ ス ロ	NOR	②532	②32.4	②16	2.0	19.4	78.6	17.3	82,500	104,030	86.
26	バチカン市国	バチカン	—		0.06	0.44km²	1,398	—	—	—	—	—	
27	ハンガリー	ブダペスト	HUN	977	9.3	105	4.7	32.1	63.2	19.7	16,140	121,995	116.
28	フィンランド共和国	ヘルシンキ	FIN	③554	③33.8	③16	3.8	21.6	74.6	22.1	49,580	72,704	73.
29	フランス共和国	パ リ	FRA	④6,702	④64.1	④105	2.7	17.4	77.4	20.4	42,400	⑤569,757	⑤651.
30	ブルガリア共和国	ソフィア	BUL	700	11.0	63	6.6	30.0	63.4	21.3	9,410	33,415	37.
31	ベラルーシ共和国	ミンスク	BLR	947	20.8	46	11.1	30.4	58.5	15.2	6,280	18) 33,726	18) 38.
32	ベルギー王国	ブリュッセル	BEL	1,145	3.1	375	0.9	20.8	78.3	19.0	47,350	445,214	426.
33	ボスニア・ヘルツェゴビナ	サラエボ	BIH	349	5.1	68	18.0	31.7	50.3	17.2	6,150	6,578	11.
34	ポーランド共和国	ワルシャワ	POL	3,797	31.3	121	9.1	31.7	59.2	18.1	15,200	251,865	246.
35	ポルトガル共和国	リスボン	POR	1,027	9.2	111	5.5	24.7	69.8	22.4	23,080	67,012	89.
36	マルタ共和国	バレッタ	MLT	49	0.03	1,565	1.0	18.9	80.1	20.8	27,290	4,143	8.
37	モナコ公国	モ ナ コ	MON	3	2.02km²	18,861	—	—	—	16) 25.9	—	—	
38	モルドバ共和国	キシナウ	MDA	268	3.4	79	21.0	21.7	57.3	12.0	18) 3,930	2,779	5.
39	モンテネグロ	ポドゴリツァ	MNE	62	1.4	45	7.2	19.4	73.4	15.4	9,010	18) 466	3.
40	ラトビア共和国	リ ガ	LAT	192	6.5	30	7.3	23.7	69.0	20.3	17,730	14,447	17.
41	リトアニア共和国	ビリニュス	LTU	279	6.5	43	6.4	25.7	67.9	20.2	18,990	33,151	35.
42	リヒテンシュタイン公国	ファドーツ	LIE	3	0.02	241	17) 1.0	28.5	70.5	17.9	09) 116,430		
43	ルクセンブルク大公国	ルクセンブルク	LUX	61	0.26	237	0.6	10.1	89.3	14.3	73,910	18) 15,148	18) 23.1
44	ルーマニア	ブカレスト	ROU	1,941	23.8	81	21.2	30.1	48.7	18.8	12,630	77,299	96.
45	ロ シ ア 連 邦	モスクワ	RUS	15) 14,400	1,709.8	8	5.8	26.8	67.4	15.1	11,260	426,720	247.1
1	アメリカ合衆国	ワシントンD.C.	USA	32,824	⑥983.4	33	1.4	19.9	78.7	16.2	65,760	1,644,276	2,567,4
2	アンティグア・バーブーダ	セントジョンズ	ANT	9	0.04	218	08) 2.8	15.6	81.6	9.1	16,660	37	5
3	エルサルバドル共和国	サンサルバドル	ESA	18) 664	2.1	316	16.3	22.5	61.2	8.5	4,000	5,943	12.0
4	カ ナ ダ	オタワ	CAN	3,758	⑦998.5	4	1.5	19.4	79.2	17.6	46,370	446,148	453.2
5	キューバ共和国	ハ バ ナ	CUB	1,120	11.0	102	14) 18.9	16.9	64.2	15.6	16) 7,480	17) 2,630	17) 1.

①リヒテンシュタインを含む。　②スヴァールバル諸島などの海外領土を除く。　③オーランド諸島を含む。　④フランス海外県（ギアナ、マルティニーク、グアドループ、レユニオン、マヨット）を含む。フランス本土：人口6,482万、面積55.2万km²、人口密度118人/km²。　⑤モナコを含む。　⑥国連の統計による（五大湖などの水域面積を含む）。

貨単位	独立年月と旧宗主国	おもな民族(%)	おもな宗教(%)	おもな言語	国番号
ア・シリング	1960.7 イギリス・イタリア	ソマリ人92	イスラーム99	ソマリ語,アラビア語	29
ニア・シリング	1961.12 イギリス	バンツー系95	キリスト教61,イスラーム35	スワヒリ語,英語	30
フラン	1960.8 フランス	サラ人30,アラブ人10	キリスト教52,イスラーム	フランス語,アラビア語	31
フラン	1960.8 フランス	バヤ人33,バンダ人27	キリスト教80,伝統信仰10	サンゴ語,フランス語	32
ア・ディナール	1956.3 フランス	アラブ人96	イスラーム99	アラビア語,フランス語	33
フラン	1960.4 フランス	エウェ人22,カブレ人13	キリスト教47,伝統信仰33	フランス語,エウェ語	34
ラ	1960.10 イギリス	ヨルバ人18,ハウサ人17	イスラーム51,キリスト教48	英語,ハウサ語,ヨルバ語,イボ語	35
ピア・ドル	1990.3 南アフリカ	オバンボ人34,混血15	プロテスタント49,カトリック18	英語,アフリカーンス語	36
フラン	1960.8 フランス	ハウサ人53,ジェルマ・ソンガイ人21	イスラーム90	フランス語,ハウサ語	37
フラン	1960.8 フランス	モシ人52	イスラーム62,キリスト教30	フランス語,モシ語	38
ンジ・フラン	1962.7 ベルギー	フツ人81,ツチ人16	カトリック61,プロテスタント21	ルンディ語,フランス語	39
フラン	1960.8 フランス	フォン人38,アジャ人15	キリスト教49,イスラーム28	フランス語,フォン語	40
	1966.9 イギリス	ツワナ人79,カランガ人15	キリスト教79	ツワナ語,英語	41
アリ	1960.6 フランス	マレーポリネシア系96	キリスト教47,伝統信仰42	マダガスカル語,フランス語	42
イ・クワチャ	1964.7 イギリス	チェワ人35,ロムウェ人19	キリスト教87,イスラーム13	英語,チェワ語	43
フラン	1960.9 フランス	バンバラ人34,フラ人15	イスラーム95	フランス語,バンバラ語	44
ド	— イギリス	アフリカ系80,混血9	独立派キリスト教37,プロテスタント26	ズールー語,アフリカーンス語,英語	45
ーダン・ボンド	2011.7	ディンカ人38,ヌエル人17		英語,アラビア語	46
ィカル	1975.6 ポルトガル	マクア・ロムウェ人52,ツォンガ・ロンガ人24	キリスト教56,イスラーム18	ポルトガル語,マクワ語	47
シャス・ルピー	1968.3 イギリス	インド・パキスタン系67,クレオール27	ヒンドゥー教49,キリスト教33	英語	48
ア	1960.11 フランス	混血モール人40,モール人30	イスラーム99	アラビア語,プラー語	49
コ・ディルハム	1956.3 フランス	アマジグ(ベルベル)系45,アラブ44	イスラーム99	アラビア語,アマジグ語	50
・ディナール	1951.12 イギリス	アラブ人87	イスラーム97	アラビア語	51
リア・ドル	— アメリカ合衆国	クペレ人20,バサ人13	キリスト教86,イスラーム12	英語,マンデ語	52
ンダ・フラン	1962.7 ベルギー	フツ人85,ツチ人14	カトリック44,プロテスタント38	キニャルワンダ語,フランス語	53
イ	1966.10 イギリス	ソト人80,ズールー人14	キリスト教91	ソト語,英語	54
ランド・クローナ	1944.6 デンマーク	アイスランド人93	ルーテル派プロテスタント77	アイスランド語	1
ーロ	— イギリス	アイルランド人82	カトリック78	アイルランド語,英語	2
ーロ		アルバニア人83	イスラーム59,カトリック10	アルバニア語	3
ーロ	1993.3 フランス・スペイン	アンドラ人46,スペイン系26	カトリック89	カタルーニャ語	4
ーロ		イタリア人96	カトリック83	イタリア語	5
ブニャ	1991.8	ウクライナ人78,ロシア系17	ウクライナ正教84,カトリック10	ウクライナ語,ロシア語	6
ーロ	1991.9	エストニア人69,ロシア系25	キリスト教64	エストニア語,ロシア語	7
ーロ		オーストリア人91	カトリック66	ドイツ語	8
ーロ		オランダ人79	カトリック28,プロテスタント19	オランダ語	9
ール	1991.9	マケドニア人64,アルバニア系25	マケドニア正教65,イスラーム32	マケドニア語,アルバニア語	10
ンド		ギリシャ人90	ギリシャ正教90	ギリシャ語	11
ンド		イングランド人84,スコットランド人9	キリスト教72	英語	12
ナ	1991.6	クロアチア人90,セルビア系4	カトリック86	クロアチア語	13
ーロ	2008.2	アルバニア系93	イスラーム96	アルバニア語,セルビア語	14
ーロ		サンマリノ人85,イタリア系13	カトリック89	イタリア語	15
ス・フラン	—	ドイツ系65,フランス系18	カトリック37,プロテスタント25	ドイツ語,フランス語,イタリア語	16
ーデン・クローナ		スウェーデン人86	ルーテル派プロテスタント77	スウェーデン語	17
ーロ		スペイン人45,カタルーニャ28	カトリック77	スペイン語,カタルーニャ語	18
ーロ	1993.1	スロバキア人81	カトリック62	スロバキア語	19
ーロ	1991.6	スロベニア人83	カトリック58	スロベニア語	20
ピア・ディナール	1992.4	セルビア人83	セルビア正教85	セルビア語	21
ナ	1993.1	チェコ人64	カトリック27	チェコ語	22
マーク・クローネ		デンマーク人92	ルーテル派プロテスタント76	デンマーク語	23
ーロ		ドイツ人88	カトリック29,プロテスタント28	ドイツ語	24
ウェー・クローネ		ノルウェー人83	ルーテル派プロテスタント82	ノルウェー語	25
ーロ		イタリア人,スイス人など	カトリック	ラテン語,イタリア語,フランス語	26
リント		ハンガリー人86	カトリック37,プロテスタント15	ハンガリー語(マジャール語)	27
ーロ		フィン人93	ルーテル派プロテスタント72	フィンランド語,スウェーデン語	28
ーロ		フランス人77	カトリック64	フランス語	29
フ		ブルガリア人77	ブルガリア正教59	ブルガリア語	30
ルーシ・ルーブル	1991.8	ベラルーシ人84,ロシア系8	ベラルーシ正教48	ベラルーシ語,ロシア語	31
ーロ		フラマン系54,ワロン系36	カトリック50	オランダ語,フランス語,ドイツ語	32
換マルカ	1992.3	ボシュニャク人50,セルビア系31	イスラーム51,セルビア正教31	ボスニア語,セルビア語,クロアチア語	33
コチ		ポーランド人97	カトリック89	ポーランド語	34
ーロ		ポルトガル人92	カトリック81	ポルトガル語	35
ーロ	1964.9 イギリス	マルタ人95	カトリック95	マルタ語,英語	36
ーロ	— —	フランス系28,モナコ人22	カトリック89	フランス語	37
ルドバ・レウ	1991.8	モルドバ人76	モルドバ正教32,ベッサラビア正教16	モルドバ語,ロシア語	38
ーロ	2006.6	モンテネグロ人45,セルビア系29	セルビア正教72,イスラーム19	モンテネグロ語,セルビア語	39
ーロ	1991.9	ラトビア人62,ロシア系26	ルーテル派プロテスタント20,正教会15	ラトビア語,ロシア語	40
ーロ	1991.9	リトアニア人84	カトリック77	リトアニア語,ロシア語	41
イス・フラン	— —	リヒテンシュタイン人66,スイス系10	カトリック76	ドイツ語	42
ーロ	— —	ルクセンブルク人53,ポルトガル系16	カトリック90	ルクセンブルク語,フランス語	43
ーマニア・レウ		ルーマニア人83	ルーマニア正教82	ルーマニア語	44
シア・ルーブル		ロシア人78	ロシア正教53	ロシア語	45
ドル		ヨーロッパ系73,アフリカ系13	プロテスタント47,カトリック21	英語,スペイン語	1
カリブ・ドル	1981.11 イギリス	アフリカ系87	キリスト教84	英語	2
ドル	— スペイン	メスチーソ86,ヨーロッパ系13	カトリック50,プロテスタント36	スペイン語	3
ナダ・ドル	— イギリス	カナダ人32,イングランド人18	カトリック39,プロテスタント20	英語,フランス語	4
/キューバ・ペソ◆	— スペイン	混血50,ヨーロッパ系25	カトリック47	スペイン語	5

換ペソとキューバ・ペソの二重通貨制。2021年1月よりキューバ・ペソに統一。

都市名	国名	人口(万人)	調査年次
デュッセルドルフ	ドイツ	61	(17)
デリー	インド	1,103	(11)
テンチン	中国	1,044	(16)
ドニエプロペトロフスク	ウクライナ	100	(19)
トビリシ	ジョージア	112	(18)
トロント	カナダ	292	(17)
【ナ行】			
ナイロビ	ケニア	310	(10)
ナポリ	イタリア	96	(16)
ナンキン	中国	663	(16)
ニース	フランス	34	(16)
ニューヨーク	アメリカ合衆国	862	(17)
ノヴォシビルスク	ロシア	161	(18)
【ハ行】			
ハイデラバード	インド	673	(11)
バクー	アゼルバイジャン	226	(18)
バグダッド	イラク	615	(11)
ハノイ	ベトナム	231	(09)
ハノーファー	ドイツ	53	(17)
ハバナ	キューバ	212	(18)
パリ	フランス	219	(17)
バルセロナ	スペイン	162	(18)
ハルビン	中国	551	(16)
バンコク	タイ	568	(17)
バンドン	インドネシア	249	(18)
ハンブルク	ドイツ	183	(17)
ヒューストン	アメリカ合衆国	231	(17)
ピョンヤン	北朝鮮	258	(08)
ビリニュス	リトアニア	54	(19)
フィラデルフィア	アメリカ合衆国	158	(17)
ブエノスアイレス	アルゼンチン	306	(18)
ブカレスト	ルーマニア	183	(16)
プサン	韓国	347	(18)
ブダペスト	ハンガリー	174	(18)
プネ	インド	312	(11)
ブラジリア	ブラジル	297	(18)
プラハ	チェコ	129	(18)
フランクフルト	ドイツ	74	(17)
ブリズベン	オーストラリア	240	(16)
ブリュッセル	ベルギー	*119	(16)
ベイルート	レバノン	40	(16)
ベオグラード	セルビア	168	(16)
ペキン	中国	1,362	(16)
ヘルシンキ	フィンランド	64	(18)
ベルリン	ドイツ	361	(17)
ベンガルール(バンガロール)	インド	844	(11)
ボゴタ	コロンビア	816	(18)
ホーチミン	ベトナム	588	(09)
ボルドー	フランス	25	(18)
ホンコン	中国	748	(18)
【マ行】			
マドリード	スペイン	318	(17)
マニラ	フィリピン	178	(15)
マルセイユ	フランス	86	(16)
ミュンヘン	ドイツ	145	(17)
ミラノ	イタリア	136	(18)
ミンスク	ベラルーシ	198	(18)
ムンバイ	インド	1,244	(11)
メキシコシティ	メキシコ	844	(18)
メルボルン	オーストラリア	485	(14)
モスクワ	ロシア	1,234	(17)
モンテビデオ	ウルグアイ	130	(11)
モンテレー	メキシコ	121	(18)
モントリオール	カナダ	177	(17)
【ヤ行】			
ヤンゴン	ミャンマー	516	(14)
ヨハネスブルグ	南アフリカ共和国	494	(16)
【ラ行】			
ライプツィヒ	ドイツ	58	(17)
ラゴス	ナイジェリア	1,078	(10)
ラパス	ボリビア	75	(12)
ラホール	パキスタン	1,112	(18)
リオデジャネイロ	ブラジル	668	(18)
リガ	ラトビア	63	(18)
リスボン	ポルトガル	50	(18)
リマ	ペルー	1,019	(18)
ロサンゼルス	アメリカ合衆国	399	(17)
ロッテルダム	オランダ	63	(18)
ロンドン	イギリス	①882	(17)
【ワ行】			
ワシントンD.C.	アメリカ合衆国	69	(17)
ワルシャワ	ポーランド	176	(18)

①大ロンドン(Greater London)の人口。

国番号	正式国名	首都	IOCコード	人口(万人)2019年	面積(万km²)2019年	人口密度(人/km²)2019年	産業別人口の割合(%)2019年 第1次	第2次	第3次	老年人口率65歳以上(%)2019年	1人あたりの国民総所得(ドル)2019年	貿易額(百万ドル)2019年 輸出	輸入
北アメリカ (23か国)													
6	グアテマラ共和国	グアテマラシティ	GUA	[18]1,731	10.9	159	[17]31.8	19.0	49.2	4.9	4,610	11,289	19
7	グレナダ	セントジョージズ	GRN	[17]11	0.03	322	[98]13.8	23.9	62.3	9.7	9,980	[08]31	[09]
8	コスタリカ共和国	サンホセ	CRC	506	5.1	99	11.9	18.7	69.4	9.9	11,700	11,252	16
9	ジャマイカ	キングストン	JAM	273	1.1	249	15.2	16.2	68.6	8.9	5,250	[17]1,310	17
10	セントクリストファー・ネービス	バセテール	SKN	[15]5	0.03	196	[01]0.2	48.8	51.0[11]	7.8	19,030	33	[17]
11	セントビンセント及びグレナディーン諸島	キングスタウン	VIN	11	0.04	284	[01]15.4	19.7	64.9	9.7	7,460	44	[18]
12	セントルシア	カストリーズ	LCA	[18]17	0.05	332	[01]9.8	14.2	76.0	10.0	11,020	142	[17]
13	ドミニカ共和国	サントドミンゴ	DOM	1,035	4.9	213	[17]8.8	18.8	72.4	7.3	8,090	8,856	19
14	ドミニカ国	ロゾー	DMA	[17]6	0.08	89	[01]21.0	19.9	59.1[11]	11.2	8,090	[12]37	[17]
15	トリニダード・トバゴ共和国	ポートオブスペイン	TTO	136	0.5	266	3.2	27.3	69.5	11.1	16,890	10,756	9
16	ニカラグア共和国	マナグア	NCA	652	13.0	50	[14]31.1	17.5	51.4	5.5	1,910	5,014	[18]7
17	ハイチ共和国	ポルトープランス	HAI	1,157	2.8	417	[12]31.3	6.7	62.0	5.1	790	980	[18]
18	パナマ共和国	パナマシティ	PAN	421	7.5	56	14.4	17.7	67.9	8.3	14,950	713	12
19	バハマ国	ナッソー	BAH	38	1.4	28	[11]3.7	12.9	83.4	7.5	31,780	443	[15]
20	バルバドス	ブリッジタウン	BAR	27	0.04	638	2.9	19.3	77.8	16.2	17,380	458	[18]
21	ベリーズ	ベルモパン	BIZ	40	2.3	18	[17]17.3	15.6	67.1	4.9	4,450	245	
22	ホンジュラス共和国	テグシガルパ	HON	915	11.2	81	29.5	21.4	49.1	4.8	2,390	4,970	[17]
23	メキシコ合衆国	メキシコシティ	MEX	12,657	196.4	64	12.4	25.4	62.2	7.4	9,430	472,273	467
南アメリカ (12か国)													
1	アルゼンチン共和国	ブエノスアイレス	ARG	4,493	278.0	16	*0.1	21.8	78.1	11.2	11,200	65,114	49
2	ウルグアイ東方共和国	モンテビデオ	URU	351	17.4	20	8.4	18.8	72.8	14.9	16,230	7,498	[18]
3	エクアドル共和国	キト	ECU	1,726	25.7	67	29.7	17.2	53.1	7.4	6,080	21,606	[18]23
4	ガイアナ共和国	ジョージタウン	GUY	74	21.5	3	[18]15.9	24.9	59.2	6.7	5,180	1,487	19
5	コロンビア共和国	ボゴタ	COL	4,939	114.2	43	15.8	20.1	64.1	8.8	6,510	39,489	52
6	スリナム共和国	パラマリボ	SUR	[18]59	16.4	4	[16]7.5	25.1	67.4	7.0	5,540	1,461	1
7	チリ共和国	サンティアゴ	CHI	1,910	75.6	25	9.0	22.2	68.8	11.9	15,010	69,681	69
8	パラグアイ共和国	アスンシオン	PAR	715	40.7	18	18.7	18.1	63.2	6.6	5,510	9,042	13
9	ブラジル連邦共和国	ブラジリア	BRA	21,014	851.6	25	9.1	20.0	70.9	9.3	9,130	225,383	177
10	ベネズエラ・ボリバル共和国	カラカス	VEN	3,206	93.0	34	[17]8.0	19.7	72.2	7.6[14]	13,080	87,961	44
11	ペルー共和国	リマ	PER	3,213	128.5	25	[16]25.5	16.2	58.3	6.3	6,740	46,132	42
12	ボリビア多民族国	ラパス	BOL	1,147	109.9	10	28.3	20.1	51.6	7.3	3,530	9,065	10
オセアニア (16か国)													
1	オーストラリア連邦	キャンベラ	AUS	2,536	769.2	3	2.6	19.1	78.3	15.9	54,910	266,377	221
2	キリバス共和国	タラワ	KIR	[15]11	0.07	152	[15]24.3	18.2	57.5	4.1	3,350	[16]11	[16]
3	クック諸島	アバルア	COK	2	0.02	86	[16]2.7	11.5	85.8[16]	10.4	—[11]	3	[11]
4	サモア独立国	アピア	SAM	20	0.3	71	[17]21.9	15.4	62.7	4.9	4,180	46	[18]
5	ソロモン諸島	ホニアラ	SOL	68	2.9	24	[13]36.7	8.2	55.1	3.6	2,050	569	[18]
6	ツバル	フナフティ	TUV	[16]1	26km²	423	[16]27.0	9.5	63.5	4.9	5,620	[05]0.1	[08]
7	トンガ王国	ヌクアロファ	TGA	10	0.07	135	[03]31.8	30.6	37.6	5.9[18]	4,300	19	[14]
8	ナウル共和国	ヤレン	NRU	1	21km²	524	[13]2.7	24.9	72.4	1.9	14,230	125	[16]
9	ニウエ	アロフィ	—	0.17	0.03	7	[01]9.0	20.4	70.6[11]	13.3	—[04]	—[04]	
10	ニュージーランド	ウェリントン	NZL	491	26.8	18	5.8	19.5	74.7	16.0	42,670	39,540	42
11	バヌアツ	ポートビラ	VAN	29	1.2	24	[13]63.6	6.8	29.6	3.6	3,170	64	[11]
12	パプアニューギニア独立国	ポートモレスビー	PNG	815	46.3	18	[00]72.3	3.6	24.1	3.5	2,780	4,518	[17]8
13	パラオ共和国	マルキョク	PLW	1	0.05	39	[14]2.7	7.2	90.1[15]	7.3[18]	17,280	[13]9	[15]
14	フィジー共和国	スバ	FIJ	88	1.8	49	[16]19.1	14.2	54.7	5.0	5,860	1,041	16
15	マーシャル諸島共和国	マジュロ	MHL	[18]5	0.02	304	[14]11.0	6.3	79.6[11]	4.5	4,860	15	[13]
16	ミクロネシア連邦	パリキール	FSM	10	0.07	149	[14]34.6	6.2	59.2	4.2[15]	3,400	40	[15]
	世界 (197か国)			*771,346	*13,009.4	59	—	—	—	9.1	11,570	—	

※世界の人口・面積には属領、帰属未定地域を含む。ただし南極大陸の面積1,398.5万km²は含まない。 *は都市部のみの統計。

(14) 都道府県別統計

(**太字**は1位、*斜字*が2位から5位までの都道府県を示す。)〔令和2年 全国都道府県市区町村別面積調, 令和元年産 作物統計,

県番号	都道府県	都道府県の庁所在地	人口(万人)2020年	面積(km²)2020年	人口密度(人/km²)2020年	産業別人口の割合(%)2015年 第1次産業	第2次産業	第3次産業	農業産出額(億円)2019年	米(水稲)(千t)2019年	野菜(億円)2019年	漁業生産量(千t)2019年	製造品出荷額(億円)2018年	発電電力量(百万kWh)2018年	10万人あたりの医師数(人)2018年	県民所得(千円)2017年
1	北海道	札幌	526	**83,424**	63	7.4	17.9	74.7	**12,558**	588	**1,951**	963	64,136	30,027	254.0	2,6
2	青森	青森	127	9,646	132	**12.4**	20.4	67.2	3,138	282	642	*184*	18,031	4,350	214.7	2,4
3	岩手	盛岡	123	*15,275*	81	*10.8*	25.4	63.8	2,676	280	259	123	27,451	2,846	215.4	2,7
4	宮城	仙台	229	7,282	315	4.5	23.4	72.1	1,932	*377*	265	*271*	46,912	14,514	250.1	2,9
5	秋田	秋田	98	11,638	85	*9.8*	24.4	65.8	1,931	*527*	281	6	13,496	13,673	246.0	2,6
6	山形	山形	108	9,323	116	9.4	29.1	61.5	2,557	*404*	460	4	28,880	6,705	239.8	2,9
7	福島	福島	188	*13,784*	137	6.7	30.6	62.7	2,086	369	438	71	52,812	*54,872*	214.2	2,9
8	茨城	水戸	292	6,097	479	5.9	29.8	64.3	*4,302*	344	*1,575*	■295	130,944	34,158	197.5	3,3
9	栃木	宇都宮	196	6,408	307	5.7	31.9	62.4	2,859	311	784	1	92,571	5,346	236.0	3,4
10	群馬	前橋	196	6,362	310	5.1	31.8	63.1	2,361	75	912	0.3	92,011	4,500	238.4	3,32
11	埼玉	さいたま	*739*	3,798	*1,946*	1.7	24.9	73.4	1,678	154	796	0.002	143,440	854	176.4	3,0
12	千葉	千葉	631	5,158	1,225	2.9	20.6	76.5	*3,859*	289	*1,305*	117	132,118	*90,308*	201.2	3,19
13	東京	東京	**1,383**	2,194	**6,306**	0.4	17.5	**82.1**	234	1	121	■53	78,495	7,230	328.4	5,42
14	神奈川	横浜	*920*	2,416	*3,811*	0.9	22.4	76.7	655	14	333	35	*185,700*	84,126	220.7	3,2
15	新潟	新潟	223	*12,584*	178	5.9	28.9	65.2	2,494	**646**	317	30	51,212	43,072	210.5	2,8
16	富山	富山	105	4,248	249	3.3	*33.6*	63.1	654	206	56	23	40,606	15,515	267.4	3,3
17	石川	金沢	113	4,186	272	3.1	28.5	68.4	551	133	97	41	31,841	9,287	300.1	2,9
18	福井	福井	78	4,191	186	3.8	31.3	64.9	468	131	81	12	22,822	35,664	265.8	3,2
19	山梨	甲府	82	4,465	185	7.3	28.4	64.3	914	27	110	■1	26,121	2,662	246.8	2,9
20	長野	長野	208	*13,562*	154	9.3	28.4	62.4	2,556	198	818	2	65,874	8,137	244.1	2,9
21	岐阜	岐阜	203	10,621	191	3.2	*33.1*	63.7	1,066	109	323	2	59,674	8,484	221.1	2,8
22	静岡	静岡	370	7,777	477	3.9	*33.2*	62.9	1,979	81	607	*179*	176,639	7,926	217.2	3,3
23	愛知	名古屋	*757*	5,173	*1,464*	2.2	*33.6*	64.2	2,949	137	*1,010*	75	**489,829**	70,830	224.1	3,6
24	三重	津	181	5,774	314	3.2	32.0	64.5	1,106	130	139	152	112,597	22,567	232.2	3,1
25	滋賀	大津	142	4,017	354	2.9	**33.8**	63.5	647	161	106	■0.4	81,024	11,592	232.9	3,2
26	京都	京都	254	4,612	552	2.2	23.6	74.2	666	73	248	9	59,924	11,287	341.5	3,0

（15）世界のおもな産物

〔FAOSTAT，ほか〕

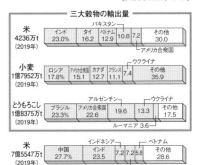

三大穀物の輸出量

- 米 4236万t（2019年）：インド23.0%／タイ16.2／ベトナム12.9／パキスタン10.8／アメリカ合衆国7.2／その他30.0
- 小麦 1億7952万t（2019年）：ロシア17.8%／アメリカ合衆国15.1／カナダ12.7／フランス11.1／ウクライナ7.4／その他35.9
- とうもろこし 1億8375万t（2019年）：ブラジル23.3%／アメリカ合衆国22.6／アルゼンチン19.6／ウクライナ13.3／ルーマニア3.6／その他17.5

- 米 7億5547万t（2019年）：中国27.7%／インド23.5／インドネシア7.2／バングラデシュ7.2／ベトナム5.8／その他28.6
- 小麦 7億6577万t（2019年）：中国17.4%／インド13.5／ロシア9.7／アメリカ合衆国6.8／フランス5.3／その他47.3
- とうもろこし 11億4849万t（2019年）：アメリカ合衆国30.2%／中国22.7／ブラジル8.8／アルゼンチン5.0／ウクライナ3.1／その他30.2
- 砂糖（粗糖）1億8217万t（2018年）：インド18.8%／ブラジル15.4／タイ8.5／中国6.3／アメリカ合衆国4.7／その他46.3
- 茶 650万t（2019年）：中国42.7%／インド21.4／スリランカ4.6／ケニア／トルコ4.0／ベトナム4.1／その他16.1
- コーヒー豆 1004万t（2019年）：ブラジル30.0%／ベトナム16.8／インドネシア8.8／コロンビア7.6／エチオピア4.8／ホンジュラス4.7／その他27.3
- カカオ豆 560万t（2019年）：コートジボワール39.0%／ガーナ14.5／インドネシア14.0／ナイジェリア6.3／カメルーン5.1／エクアドル5.0／その他16.1
- 木材（原木）40億m³（2019年）：アメリカ合衆国11.6%／インド8.9／中国8.6／ブラジル6.7／ロシア5.5／その他58.7
- 綿花 2465万t（2018年）：中国24.8%／インド19.3／アメリカ合衆国16.2／ブラジル7.8／パキスタン6.8／その他25.1
- 金鉱（含有量）3230t（2017年）：中国13.2%／オーストラリア9.3／ロシア8.4／アメリカ合衆国7.3／カナダ5.1／その他56.7
- 銀鉱（含有量）2万6600t（2016年）：メキシコ20.2%／ペルー16.4／中国13.1／ロシア5.9／チリ5.6／その他38.8

通貨単位	独立年月と旧宗主国	おもな民族（%）	おもな宗教（%）	おもな言語	国番号
…アル	— スペイン	混血60，マヤ系先住民39	カトリック57，プロテスタント・独立派キリスト教40	スペイン語	6
…リブ・ドル	1974.2 イギリス	アフリカ系82，混血13	プロテスタント49，カトリック36	英語，クレオール語	7
…リカ・コロン	— スペイン	ヨーロッパ系・メスチーソ84	カトリック76，プロテスタント14	スペイン語	8
…マイカ・ドル	1962.8 イギリス	アフリカ系92	プロテスタント65	英語，クレオール語	9
…リブ・ドル	1983.9 イギリス	アフリカ系90	プロテスタント75，カトリック11	英語	10
…リブ・ドル	1979.10 イギリス	アフリカ系65，ムラート20	キリスト教88	英語，クレオール語	11
…リブ・ドル	1979.2 イギリス	アフリカ系85，混血11	カトリック62，プロテスタント26	英語，クレオール語	12
…ニカ・ペソ	— スペイン	ムラート70，アフリカ系16	カトリック64	スペイン語，ハイチ語	13
…リブ・ドル	1978.11 イギリス	アフリカ系87	カトリック61，プロテスタント29	英語，クレオール語	14
…ード・トバゴ・ドル	1962.8 イギリス	インド系35，アフリカ系34	キリスト教55，ヒンドゥー教18	英語，クレオール語	15
…ドバ	— スペイン	メスチーソ63，ヨーロッパ系14	カトリック59，プロテスタント23	スペイン語	16
…ルド	— フランス	アフリカ系94	カトリック59，プロテスタント23	フランス語，ハイチ語	17
…ンボア★	— スペイン	メスチーソ65，①先住民12	カトリック76，プロテスタント・独立派キリスト教20	スペイン語	18
…マ・ドル	1973.7 イギリス	アフリカ系91	プロテスタント70，カトリック12	英語，クレオール語	19
…バドス・ドル	1966.11 イギリス	アフリカ系92	プロテスタント66	英語	20
…ーズ・ドル	1981.9 イギリス	メスチーソ53，クレオール26	カトリック40，プロテスタント32	英語，スペイン語	21
…ピラ	— スペイン	メスチーソ87	カトリック46，プロテスタント41	スペイン語	22
…シコ・ペソ	— スペイン	メスチーソ64，①先住民18	カトリック83	スペイン語	23
…ゼンチン・ペソ	— スペイン	ヨーロッパ系86	カトリック70	スペイン語	1
…グアイ・ペソ	— —	ヨーロッパ系88	カトリック47	スペイン語	2
…ル	— スペイン	メスチーソ72	カトリック74，福音派プロテスタント10	スペイン語，ケチュア語	3
…アナ・ドル	1966.5 イギリス	インド系40，アフリカ系29	キリスト教64，ヒンドゥー教25	英語，クレオール語	4
…ンビア・ペソ	— スペイン	メスチーソ58，ヨーロッパ系20	カトリック79，プロテスタント16	スペイン語	5
…ナム・ドル	1975.11 オランダ	インド・パキスタン系27，マルーン22	キリスト教50，ヒンドゥー教22	オランダ語，英語，スリナム語	6
…・ペソ	— スペイン	メスチーソ72，ヨーロッパ系22	カトリック67，プロテスタント16	スペイン語	7
…ラニー	— スペイン	メスチーソ86	カトリック90	スペイン語，グアラニー語	8
…ル	— ポルトガル	ヨーロッパ系48，ムラート43	カトリック65，プロテスタント22	ポルトガル語	9
…バル・ソベラノ	— スペイン	メスチーソ52，ヨーロッパ系44	カトリック	スペイン語	10
…ボ・ソル	— スペイン	①先住民52，メスチーソ32	カトリック81，福音派プロテスタント13	スペイン語，ケチュア語，アイマラ語	11
…ビアーノ	— スペイン	①先住民55，メスチーソ30	カトリック77，プロテスタント16	スペイン語，ケチュア語，アイマラ語	12
…ストラリア・ドル	— イギリス	ヨーロッパ系90	キリスト教52	英語	1
…ストラリア・ドル	1979.7 イギリス	ミクロネシア系99	カトリック57，プロテスタント33	キリバス語，英語	2
…ージーランド・ドル	1965 ニュージーランド	クック諸島マオリ人81	プロテスタント63，カトリック17	英語，ラロトンガ語	3
	1962.1 ニュージーランド	サモア人93	プロテスタント58，カトリック19	サモア語，英語	4
…コモン・ドル	— イギリス	メラネシア系95	プロテスタント73，カトリック20	英語，ピジン語	5
…ストラリア・ドル	1978.10 イギリス	ポリネシア系95	ツバル教会91	ツバル語，英語	6
…ンガ	1970.6 イギリス	トンガ人（ポリネシア系）97	キリスト教97	トンガ語，英語	7
…ストラリア・ドル	1968.1 イギリス	ナウル人96	プロテスタント60，カトリック33	ナウル語，英語	8
…ージーランド・ドル	1974 ニュージーランド	ニウエ人67，混血13	ニウエ教92	ニウエ語，英語	9
…ージーランド・ドル	— イギリス	ヨーロッパ系71，マオリ14	キリスト教46	英語，マオリ語	10
…ソ	1980.7 イギリス・フランス	バヌアツ人98	プロテスタント70，カトリック12	ビスラマ語，英語，フランス語	11
…ナ	1975.9 オーストラリア	パプア人84，メラネシア系15	キリスト教96	英語，ピジン英語，モツ語	12
…ドル	1994.10 アメリカ合衆国	パラオ人73，アジア系22	カトリック45，プロテスタント35	パラオ語，英語	13
…ィジー・ドル	1970.10 イギリス	フィジー系57，インド系38	キリスト教64，ヒンドゥー教28	英語，フィジー語，ヒンディー語	14
…ドル	1986.10 アメリカ合衆国	マーシャル人92	プロテスタント83	マーシャル語，英語	15
…ドル	1986.11 アメリカ合衆国	チューク人49，ポンペイ人30	カトリック55，プロテスタント41	英語，チューク語	16

…通しているのは米ドル紙幣で，それを「バルボア」とよんでいる（硬貨は独自のものもあり）。①南北アメリカのインディオは先住民とした。

都道府県	都道府県の庁所在地	人口（万人）2020年	面積（km²）2020年	人口密度（人/km²）2020年	第1次産業	第2次産業	第3次産業	農業産出額（億円）2019年	米（水稲）（千t）2019年	野菜（億円）2019年	漁業生産量（千t）2019年	製造品出荷額（億円）2018年	発電電力量（百万kWh）2019年	10万人あたりの医師数（人）2018年	1人あたり県民所得（千円）2017年
大 阪	大 阪	884	1,905	4,645	0.6	24.3	75.1	320	24	136	■15	179,052	24,619	289.9	3,183
兵 庫	神 戸	554	8,401	661	2.1	26.0	71.9	1,509	183	348	■106	166,391	45,565	263.7	2,966
奈 良	奈 良	135	3,691	367	2.7	23.4	73.9	403	44	104	0.01	21,998	1,334	267.5	2,600
和歌山	和歌山	95	4,725	202	9.0	22.3	68.7	1,109	31	144	17	27,549	2,704	311.8	2,797
鳥 取	鳥 取	56	3,507	160	9.1	22.0	68.9	761	65	213	84	8,113	1,582	326.4	2,485
島 根	松 江	67	6,708	101	8.0	23.0	69.0	612	88	94	85	12,857	8,518	301.5	2,553
岡 山	岡 山	190	・7,114	268	4.8	27.4	67.8	1,417	156	205	116	83,907	6,817	320.8	2,839
広 島	広 島	282	8,480	333	2.6	26.8	70.0	1,168	125	236	116	101,053	7,483	270.1	3,167
山 口	山 口	136	6,113	224	4.9	26.1	69.0	629	92	148	24	67,213	23,354	268.2	3,258
徳 島	徳 島	74	4,147	179	8.5	24.1	67.4	961	52	349	21	18,659	20,437	346.7	3,091
香 川	高 松	98	・1,877	523	5.4	25.9	68.7	803	57	242	36	28,003	3,841	296.5	3,018
愛 媛	松 山	136	5,676	241	7.7	24.2	68.1	1,207	64	190	139	42,861	16,288	279.1	2,741
高 知	高 知	70	7,104	100	11.8	17.2	71.0	1,117	48	715	83	6,047	4,298	326.9	2,650
福 岡	福 岡	512	4,987	1,029	2.9	21.2	75.9	2,027	159	702	60	103,019	10,762	319.4	2,888
佐 賀	佐 賀	82	2,441	338	8.7	24.2	67.1	1,135	72	335	77	20,804	16,921	291.0	2,630
長 崎	長 崎	135	4,131	327	7.7	20.1	72.2	1,513	52	453	275	18,084	26,614	320.7	2,571
熊 本	熊 本	176	7,409	239	9.8	21.1	69.1	3,364	161	1,220	65	28,638	10,523	302.2	2,613
大 分	大 分	115	・6,341	182	7.0	23.4	69.6	1,195	90	309	55	44,532	14,968	287.0	2,710
宮 崎	宮 崎	109	7,735	142	11.0	21.1	67.9	3,396	75	661	117	17,322	4,740	259.9	2,487
鹿児島	鹿児島	163	9,187	177	9.5	19.4	71.1	4,890	89	532	■115	21,010	15,161	281.6	2,492
沖 縄	那 覇	148	2,281	650	4.9	15.1	80.0	977	2	146	■34	5,119	7,563	247.9	2,635
全国合計（全国平均）		12,713	377,975	(336)	(4.0)	(25.0)	(71.0)	89,387	7,762	21,515	4,195	3,346,804	863,186	(258.8)	(3,304)

1）面積の項の北海道には歯舞群島95km²，色丹島248km²，国後島1,489km²，択捉島3,167km²を含み，島根県には竹島0.2km²を含む。全国計にも含む。
2）面積の項の・印のある県は，県界に境界未定地域があるため，総務省統計局で推定した面積を記載している。
3）第1次産業人口→農林，水産業など，第2次産業人口→鉱・工業，建設業など，第3次産業人口→商業，運輸・通信業など。
4）漁業生産量の項の■印のある県の数値は，海面養殖または内水面漁業，内水面養殖いずれかの数値を含まない。ただし，全国計には含む。

(16) 日本の市と人口 (2020年1月)

□は都道府県県庁所在地, ●は政令指定都市*, ○は中核市**
* : 政令指定都市　政令で指定する人口50万人以上の市で, ほぼ道府県なみの行政権・財政権を持っている。
** : 中核市　人口20万人以上の市で, 保健衛生や都市計画で政令指定都市に準じた事務を都道府県から委譲され…

〔住民基本台帳　人口・世帯数〕

都市名 / 人口(千人)

北海道
- ●札幌 1,959
- ○旭川 334
- ○函館 255
- 苫小牧 171
- 釧路 168
- 帯広 166
- 江別 119
- 北見 116
- 小樽 114
- 千歳 97
- 室蘭 82
- 岩見沢 80
- 恵庭 70
- 石狩 58
- 北広島 58
- 登別 47
- 北斗 46
- 滝川 39
- 網走 35
- 伊達 33
- 稚内 33
- 名寄 27
- 根室 25
- 富良野 21
- 紋別 21
- 美唄 21
- 留萌 20
- 深川 18
- 士別 18
- 砂川 16
- 芦別 13
- 赤平 9
- 三笠 8
- 夕張 7
- 歌志内 3

青森
- ○青森 281
- 八戸 227
- ○弘前 170
- 十和田 61
- むつ 53
- 五所川原 53
- 三沢 39
- 黒石 33
- つがる 31
- 平川 31

岩手
- ○盛岡 288
- 奥州 116
- 一関 115
- 花巻 95
- 北上 92
- 滝沢 55
- 宮古 51
- 大船渡 34
- 久慈 34
- 釜石 32
- 二戸 26
- 遠野 26
- 八幡平 25
- 陸前高田 18

宮城
- ●仙台 1,064
- 石巻 142
- 大崎 129
- 名取 79
- 登米 76
- 栗原 67
- 気仙沼 62
- 多賀城 62
- 塩竈 53
- 富谷 52
- 岩沼 43
- 東松島 39
- 白石 33
- 角田 28

秋田
- ○秋田 307
- 横手 87
- 大仙 80
- 由利本荘 76
- 大館 71
- 能代 52
- 湯沢 44
- 北秋田 31
- 鹿角 30
- 男鹿 25
- にかほ 24

山形
- ○山形 244
- 鶴岡 125
- 酒田 101
- 米沢 79
- 天童 61
- 東根 47
- 寒河江 40
- 新庄 35
- 南陽 31
- 上山 30
- 長井 26
- 尾花沢 15

福島
- 郡山 322
- いわき 321
- ○福島 277
- 会津若松 118
- 須賀川 76
- 白河 60
- 伊達 59
- 南相馬 59
- 二本松 54
- 喜多方 44
- 本宮 30

群馬
- 高崎 373
- ○前橋 336
- 太田 224
- 伊勢崎 213
- 桐生 110
- 渋川 76
- 藤岡 65
- 安中 57
- みどり 50
- 富岡 48
- 沼田 47

埼玉
- ●さいたま 1,314
- 川口 607
- 川越 353
- 所沢 344
- 越谷 344
- 草加 249
- 春日部 234
- 上尾 228
- 熊谷 196
- 新座 165
- 久喜 153
- 狭山 150
- 入間 147
- 深谷 143
- 三郷 142
- 朝霞 141
- 戸田 140
- 鴻巣 118
- 加須 118
- ふじみ野 114
- 富士見 111
- 坂戸 101
- 八潮 92
- 和光 83
- 行田 79
- 飯能 79
- 本庄 78
- 蕨 76
- 桶川 75
- 鶴ヶ島 69
- 北本 65
- 秩父 61
- 蓮田 61
- 日高 55
- 羽生 54
- 幸手 50

千葉
- ●千葉 972
- 船橋 642
- 松戸 498
- 市川 490
- 柏 424
- 市原 275
- 八千代 199
- 流山 195
- 佐倉 175
- 習志野 173
- 浦安 170
- 野田 154
- 木更津 136
- 我孫子 132
- 成田 131
- 鎌ケ谷 109
- 印西 103
- 四街道 94
- 茂原 89
- 君津 83
- 香取 72
- 旭 66
- 袖ケ浦 63
- 白井 62
- 銚子 60
- 東金 58
- 山武 50
- 富里 50
- 大網白里 49
- 館山 46
- 富津 45
- 南房総 37
- いすみ 37
- 匝瑳 36
- 鴨川 32
- 勝浦 17

東京
- 東京(23区) 9,570
- 八王子 562
- 町田 428
- 府中 260
- 調布 237
- 西東京 205
- 小平 194
- 三鷹 188
- 日野 186
- 立川 184
- 東村山 151
- 多摩 148
- 武蔵野 146
- 青梅 133
- 小金井 122
- 東久留米 116
- 昭島 113
- 稲城 91
- 東大和 85
- 狛江 83
- あきる野 80
- 清瀬 74
- 武蔵村山 72
- 福生 57
- 羽村 55

神奈川
- ●横浜 3,754
- ●川崎 1,514
- ○相模原 718
- 藤沢 436
- 横須賀 401
- 平塚 256
- 茅ヶ崎 243
- 大和 239
- 厚木 224
- 小田原 190
- 鎌倉 176
- 秦野 161
- 海老名 134
- 座間 131
- 伊勢原 100
- 綾瀬 85
- 逗子 57
- 三浦 43
- 南足柄 42

新潟
- ●新潟 788
- 長岡 268
- 上越 191
- 三条 97
- 新発田 97
- 柏崎 82
- 燕 79
- 村上 59
- 南魚沼 56
- 十日町 54
- 佐渡 52
- 五泉 48
- 糸魚川 42
- 阿賀野 42
- 魚沼 35
- 小千谷 35
- 妙高 32
- 胎内 28
- 加茂 26

富山
- ○富山 415
- 高岡 170
- 射水 90
- 南砺 50
- 砺波 49
- 氷見 46
- 黒部 41
- 魚津 41
- 滑川 33
- 小矢部 29

石川
- ○金沢 452
- 白山 113
- 小松 108
- 加賀 66
- 野々市 52
- 七尾 50
- かほく 35
- 羽咋 21
- 珠洲 14

福井
- ○福井 263
- 坂井 91
- 越前 84
- 鯖江 69
- 敦賀 65
- 大野 32
- 小浜 29
- あわら 28
- 勝山 22

山梨
- 甲府 187
- 甲斐 75
- 南アルプス 71
- 笛吹 69
- 富士吉田 46
- 山梨 34
- 中央 31
- 韮崎 29
- 大月 23
- 上野原 22

長野
- ○長野 375
- 松本 238
- 上田 156
- 飯田 100
- 佐久 98
- 安曇野 97
- 塩尻 67
- 伊那 67
- 千曲 60
- 茅野 55
- 須坂 51
- 岡谷 49
- 諏訪 49
- 中野 43
- 小諸 42
- 駒ヶ根 32
- 大町 27
- 飯山 20

岐阜
- ○岐阜 408
- 大垣 161
- 各務原 146
- 多治見 110
- 可児 102
- 関 87
- 高山 87
- 中津川 77
- 羽島 67
- 美濃加茂 57
- 土岐 56
- 瑞穂 55
- 恵那 49
- 郡上 41
- 瑞浪 37
- 下呂 34
- 海津 34
- 本巣 33
- 山県 26
- 飛騨 23
- 美濃 20

静岡
- ●浜松 802
- ○静岡 698
- 富士 253
- 沼津 190
- 磐田 169
- 藤枝 144
- 富士宮 132
- 焼津 132
- 掛川 117
- 三島 109
- 島田 98
- 袋井 88
- 御殿場 88
- 伊東 68
- 湖西 51
- 裾野 51
- 菊川 48
- 伊豆の国 48
- 牧之原 45
- 熱海 35
- 御前崎 32
- 伊豆 30
- 下田 ...

愛知
- ●名古屋 2,301
- 豊田 425
- 一宮 387
- 岡崎 387
- 豊橋 377
- 春日井 311
- 安城 190
- 豊川 186
- 西尾 172
- 刈谷 153
- 小牧 152
- 稲沢 136
- 瀬戸 129
- 半田 120
- 東海 115
- 江南 100
- 大府 92
- あま 89
- 知多 86
- 尾張旭 83
- 日進 92
- 犬山 74
- 知立 72
- 碧南 72
- 豊明 69
- 清須 67
- 津島 63
- 愛西 62
- 田原 60
- みよし 61
- 常滑 59
- 高浜 49
- 岩倉 48
- 新城 46
- 弥富 44

三重
- 四日市 311
- 津 278
- 鈴鹿 199
- 松阪 163
- 桑名 142
- 伊勢 125
- 名張 78
- 亀山 49
- 志摩 48
- いなべ 45
- 伊賀 90
- 鳥羽 18
- 尾鷲 17
- 熊野 16

滋賀
- ○大津 343
- 草津 134
- 長浜 117
- 東近江 112
- 彦根 112
- 甲賀 90
- 守山 83
- 近江八幡 82
- 栗東 70

京都
- ●京都 1,409
- 宇治 185
- 亀岡 88
- 舞鶴 81
- 長岡京 81
- 木津川 78
- 城陽 77
- 福知山 77
- 八幡 70
- 京田辺 70
- 向日 54
- 京丹後 53
- 綾部 33
- 南丹 31
- 宮津 17

大阪
- ●大阪 2,730
- ●堺 834
- 東大阪 488
- 豊中 408
- 枚方 401
- 吹田 373
- 高槻 351
- 茨木 282
- 八尾 266
- 寝屋川 231
- 岸和田 194
- 和泉 186
- 守口 143
- 箕面 136
- 大東 120
- 門真 120
- 松原 119
- 羽曳野 111
- 富田林 111
- 河内長野 104
- 池田 103
- 泉佐野 100
- 摂津 86
- 貝塚 86
- 交野 77
- 泉大津 74
- 柏原 70
- 藤井寺 64
- 泉南 60
- 大阪狭山 57
- 高石 57
- 四條畷 55
- 阪南 52

兵庫
- ●神戸 1,533
- ○姫路 535
- ○西宮 484
- ○尼崎 463
- ○明石 303
- 加古川 264
- 宝塚 234
- 伊丹 203
- 川西 157
- 三田 111
- 芦屋 95
- 高砂 90
- たつの 76
- 三木 76
- 丹波 63
- 小野 48
- 赤穂 45
- 南あわじ 45
- 淡路 43
- 洲本 43
- 丹波篠山 41
- 西脇 40
- 加東 40
- 宍粟 37
- 朝来 29
- 相生 28
- 養父 23

奈良
- ○奈良 356
- 橿原 121
- 生駒 119
- 大和郡山 85
- 香芝 79
- 天理 64
- 大和高田 63
- 桜井 56
- 葛城 37
- 五條 30
- 宇陀 29
- 御所 25

和歌山
- ○和歌山 366
- 田辺 73
- 橋本 61
- 紀の川 61
- 岩出 53
- 海南 50
- 新宮 28
- 有田 27
- 御坊 24

鳥取
- ○鳥取 186
- 米子 147
- 倉吉 46
- 境港 33

島根
- ○松江 201
- 出雲 174
- 浜田 53
- 益田 47
- 雲南 37
- 安来 37
- 大田 34
- 江津 23

岡山
- ●岡山 708
- 倉敷 484
- 津山 100
- 総社 69
- 玉野 57
- 笠岡 47
- 真庭 44
- 赤磐 43
- 井原 40
- 瀬戸内 36
- 浅口 34
- 備前 33
- 高梁 29
- 新見 29

広島
- ●広島 1,195
- 福山 468
- 呉 221
- 東広島 188
- 尾道 136
- 廿日市 117
- 三原 92
- 三次 52
- 府中 38
- 庄原 34
- 安芸高田 28
- 大竹 27
- 江田島 23

山口
- 下関 260
- 山口 191
- 宇部 164
- 周南 142
- 岩国 131
- 防府 115
- 山陽小野田 62
- 光 50
- 萩 46
- 長門 33
- 柳井 31
- 美祢 23

徳島
- ○徳島 253
- 阿南 72
- 鳴門 56
- 吉野川 40
- 阿波 37
- 小松島 37
- 美馬 28
- 三好 25

香川
- ○高松 427
- 丸亀 112
- 三豊 63
- 観音寺 59
- 坂出 52
- さぬき 48
- 善通寺 32
- 東かがわ 29

愛媛
- ●松山 511
- 今治 158
- 新居浜 118
- 西条 108
- 四国中央 86
- 宇和島 73
- 大洲 42
- 西予 37
- 伊予 36
- 東温 34
- 八幡浜 33

高知
- ○高知 327
- 南国 47
- 四万十 34
- 香南 33
- 香美 26
- 土佐 26
- 須崎 22
- 宿毛 20

福岡
- ●福岡 1,554
- ●北九州 950
- 久留米 305
- 飯塚 128
- 大牟田 113
- 春日 113
- 筑紫野 104
- 糸島 101
- 大野城 101
- 宗像 97
- 行橋 72
- 太宰府 71
- 福津 66
- 柳川 66
- 八女 60
- 小郡 60
- 古賀 59
- 直方 56
- 朝倉 51
- 那珂川 50
- 筑後 49
- 田川 47
- 中間 41
- 大川 33

佐賀
- ○佐賀 232
- 唐津 121
- 鳥栖 73
- 伊万里 54
- 武雄 48
- 小城 44
- 神埼 31
- 鹿島 29
- 嬉野 26
- 多久 19

長崎
- ○長崎 416
- 佐世保 247
- 諫早 136
- 大村 94
- 島原 45
- 南島原 44
- 雲仙 42
- 五島 36
- 平戸 30
- 対馬 30
- 西海 27
- 壱岐 26
- 松浦 22

熊本
- ●熊本 738
- 八代 127
- 天草 79
- 玉名 66
- 合志 60
- 宇城 59
- 荒尾 52
- 山鹿 51
- 菊池 48
- 宇土 37
- 人吉 32
- 阿蘇 26
- 上天草 26
- 水俣 24

大分
- ○大分 478
- 別府 118
- 中津 83
- 佐伯 70
- 日田 64
- 宇佐 55
- 臼杵 37
- 豊後大野 35
- 杵築 28
- 国東 27
- 竹田 21
- 津久見 17

宮崎
- ○宮崎 402
- 都城 164
- 延岡 122
- 日向 61
- 日南 52
- 小林 45
- 西都 30
- えびの 19
- 串間 17

鹿児島
- ○鹿児島 602
- 霧島 125
- 鹿屋 102
- 薩摩川内 94
- 姶良 77
- 出水 53
- 日置 48
- 奄美 40
- 指宿 40
- 南さつま 34
- 曽於 33
- 南九州 33
- 志布志 31
- いちき串木野 27
- 伊佐 25
- 阿久根 20
- 西之表 15
- 垂水 14

沖縄
- ○那覇 322
- 沖縄 142
- うるま 124
- 浦添 115
- 宜野湾 99
- 名護 64
- 豊見城 65
- 糸満 62
- 石垣 49
- 南城 45

※この表については, 2020年の統計数値を用いたため, 2021年以降に市制施行・合併・編入する市は掲載していない。

(17) 市制町制施行後のおもな都市の人口 (1890年)

〔日本帝国統計年鑑　第11回〕

都市名	旧国名	人口(千人)	都市名	旧国名	人口(千人)	都市名	旧国名	人口(千人)	都市名	旧国名	人口(千人)	都市名	旧国名	人口(千人)	都市名	旧国名	人口(千人)
東京市	武蔵	1,155	広島市	安芸	91	函館区	渡島	56	福井市	越前	40	高知市	土佐	32	岐阜市	美濃	29
大阪市	摂津	474	仙台市	陸前	66	熊本市	肥後	54	静岡市	駿河	38	盛岡市	陸中	32	秋田市	羽後	29
京都市	山城	290	徳島市	阿波	61	福岡市	筑前	54	松江市	出雲	36	大津市	近江	31	山形市	羽前	29
名古屋市	尾張	170	富山市	越中	59	新潟市	越後	47	高松市	讃岐	35	宇都宮市	下野	31	米沢市	羽前	29
神戸市	摂津	137	岡山市	備前	58	松山市	伊予	46	前橋町	上野	32	弘前市	陸奥	30	鳥取市	因幡	29
横浜市	武蔵	128	鹿児島市	薩摩	57	堺市	和泉	46	甲府市	甲斐	32	高岡市	越中	30	宇治山田町	伊勢	27
金沢市	加賀	95	和歌山市	紀伊	56	那覇	琉球	42							姫路市	播磨	27

(18) 世界のおもな都市の月平均気温・月降水量

(気温：℃　降水量：mm　**太字**：最高　*斜字*：最低)　〔理科年表　2021，ほか〕

都市（観測地点の高さ(m)）と経緯度	月別	1月	2月	3月	4月	5月	6月	7月	8月	9月	10月	11月	12月	全年
熱帯雨林気候(Af)乾季なし														
コロンボ (7) 6°54′N 79°52′E	気温	27.1	27.3	28.1	28.6	**28.7**	28.0	27.9	27.9	27.8	27.3	27.1	*27.0*	27.7
	降水量	96.5	*70.9*	116.4	222.1	309.1	244.4	124.6	111.5	227.7	**343.2**	301.7	153.8	2321.9
シンガポール (5) 1°22′N 103°59′E	気温	*26.6*	27.2	27.6	28.0	**28.4**	**28.4**	27.9	27.8	27.7	27.7	27.0	*26.6*	27.6
	降水量	246.3	*114.1*	173.8	151.5	167.4	136.1	155.8	154.0	163.1	156.2	265.9	**314.8**	2199.0
キサンガニ (396) 0°31′N 25°11′E	気温	24.9	25.0	**25.2**	25.1	24.9	24.4	*23.7*	*23.7*	24.2	24.5	24.5	24.5	24.6
	降水量	*95.0*	114.9	151.8	181.3	166.7	114.7	100.4	185.7	173.9	**228.2**	177.0	114.1	1803.7
熱帯雨林気候(Am)弱い乾季あり														
ケアンズ (3) 16°52′S 145°44′E	気温	**27.5**	27.4	26.6	25.3	23.7	21.9	*21.2*	21.7	23.3	25.0	26.3	27.3	24.8
	降水量	355.7	**453.9**	363.7	213.0	88.6	41.8	30.2	*29.9*	33.2	48.5	111.4	180.5	1950.4
マカパ (15) 0°02′N 51°03′W	気温	26.6	26.4	*26.2*	26.5	26.9	26.8	26.9	27.9	28.5	**28.8**	28.4	27.7	27.3
	降水量	302.8	353.3	368.4	**391.5**	340.0	246.4	195.6	96.9	*25.3*	31.1	57.1	160.1	2568.5
サバナ気候(Aw)														
コルカタ（カルカッタ）(6) 22°32′N 88°20′E	気温	*20.0*	23.6	28.0	30.4	**30.9**	30.4	29.4	29.3	29.2	28.1	25.0	21.2	27.1
	降水量	12.6	19.7	35.2	58.8	137.4	303.8	**409.4**	336.4	318.2	165.1	36.1	*9.0*	1841.7
ホーチミン (19) 10°49′N 106°40′E	気温	*25.8*	26.8	28.0	**29.2**	28.9	27.7	27.5	27.4	27.2	26.9	26.3	*25.8*	27.3
	降水量	13.1	*1.3*	10.1	39.3	223.9	300.1	**318.1**	268.6	309.5	266.3	91.1	30.8	1872.2
ステップ気候(BS)														
ニアメ (223) 13°29′N 2°10′E	気温	*24.0*	27.2	31.5	34.3	**34.4**	32.0	29.4	28.1	29.4	31.1	28.5	25.2	29.6
	降水量	*0.0*	*0.0*	2.0	7.3	27.3	74.9	136.9	**161.2**	85.6	13.3	*0.0*	*0.0*	508.5
ラホール (214) 31°33′N 74°20′E	気温	*13.4*	16.3	21.7	27.5	32.1	**33.4**	31.5	30.9	29.9	25.9	20.4	15.1	24.8
	降水量	19.5	37.5	33.3	16.4	23.8	58.5	**171.7**	154.5	63.9	15.9	*7.4*	11.3	613.7
砂漠気候(BW)														
カイロ (116) 30°06′N 31°24′E	気温	*14.1*	14.8	17.3	21.6	24.5	27.4	28.0	**28.2**	26.6	24.0	19.2	15.1	21.7
	降水量	7.1	4.3	6.9	1.2	0.4	*0.0*	*0.0*	0.3	0.1	0.1	6.4	**7.9**	34.6
リヤド (635) 24°42′N 46°44′E	気温	*14.5*	16.8	21.4	26.5	32.6	35.3	**36.6**	36.5	33.4	28.2	21.3	16.1	26.6
	降水量	14.3	17.6	27.8	**34.4**	11.1	*0.0*	*0.0*	0.8	*0.0*	1.9	12.6	19.0	139.5
地中海性気候(Cs)														
ローマ (2) 41°48′N 12°14′E	気温	*8.4*	9.0	10.9	13.2	17.2	21.0	23.9	**24.0**	21.1	16.9	12.1	9.4	15.6
	降水量	74.0	73.9	60.7	60.0	33.5	21.4	*8.5*	32.7	74.4	**98.2**	93.3	86.3	716.9
ケープタウン (46) 33°58′S 18°36′E	気温	21.0	**21.1**	19.8	17.3	15.0	12.8	*12.2*	12.7	14.4	16.3	18.3	20.1	16.8
	降水量	10.1	15.0	13.5	47.4	80.7	**93.4**	91.5	78.2	44.6	35.3	23.1	13.0	545.8
パース (20) 31°55′S 115°58′E	気温	24.4	**24.6**	22.8	19.5	16.3	13.7	*12.7*	13.1	14.6	16.6	19.7	22.1	18.4
	降水量	11.2	25.9	19.0	36.1	84.9	138.9	**147.4**	114.2	77.2	35.8	28.2	*7.6*	726.4
温暖冬季少雨気候(Cw)														
ホンコン (64) 22°18′N 114°10′E	気温	*16.1*	16.7	19.0	22.7	25.8	27.7	**28.5**	28.2	27.4	25.2	21.6	17.9	23.1
	降水量	*26.2*	39.2	59.0	144.7	251.5	457.4	391.6	**474.6**	319.4	86.2	32.0	29.2	2311.0
チンタオ（青島）(77) 36°04′N 120°20′E	気温	*-0.2*	1.5	5.6	11.3	16.7	20.5	24.4	**25.3**	22.0	16.4	9.2	2.5	12.9
	降水量	*11.2*	14.7	21.6	30.6	60.0	76.1	149.7	**151.1**	72.0	40.6	28.4	12.9	668.9
温暖湿潤気候(Cfa)														
ニューヨーク (7) 40°46′N 73°54′W	気温	*1.0*	2.0	5.9	11.6	17.1	22.4	**25.3**	24.8	20.8	14.7	9.2	3.7	13.2
	降水量	82.5	*67.8*	105.1	102.1	97.3	101.8	**111.4**	107.9	94.5	96.9	87.8	90.3	1145.4
ニューオーリンズ (1) 29°59′N 90°15′W	気温	*11.6*	13.5	16.7	20.3	24.6	27.2	28.2	**28.2**	26.1	21.6	16.7	13.0	20.7
	降水量	139.3	122.0	118.0	116.0	119.4	**201.1**	149.0	155.6	133.7	*92.1*	117.2	134.7	1598.1
ブエノスアイレス (25) 34°35′S 58°29′W	気温	**24.8**	23.4	21.8	17.8	14.6	11.8	*11.0*	12.9	14.6	17.7	20.5	23.2	17.8
	降水量	**144.7**	120.5	144.2	136.0	93.8	60.8	*59.9*	76.2	71.6	127.1	127.4	110.6	1272.8
西岸海洋性気候(Cfb)														
ロンドン (24) 51°28′N 0°27′W	気温	5.8	6.2	8.0	10.5	13.9	16.2	**18.7**	18.5	16.2	12.4	8.5	*5.7*	11.8
	降水量	55.0	46.8	*41.9*	46.4	49.1	46.8	46.8	57.8	50.8	70.6	**72.4**	55.9	640.3
パリ (89) 48°43′N 2°23′E	気温	*4.1*	5.1	7.9	11.0	14.8	18.3	**19.8**	19.7	16.1	12.1	7.4	4.3	11.7
	降水量	43.1	42.3	43.3	46.7	55.7	47.0	60.6	**65.7**	*39.9*	58.2	54.5	55.8	612.8
亜寒帯(冷帯)湿潤気候(Df)														
モスクワ (156) 55°50′N 37°37′E	気温	-6.5	*-6.7*	-1.0	6.7	13.2	17.0	**19.2**	17.0	11.3	5.6	-1.2	-5.2	5.8
	降水量	51.6	43.1	*35.2*	36.3	50.3	80.4	**84.3**	82.0	66.8	71.3	54.9	50.3	706.5
ウィニペグ (238) 49°55′N 97°14′W	気温	*-16.5*	-12.7	-5.3	4.2	12.0	17.0	**19.6**	18.9	12.5	5.1	-5.3	-14.2	2.9
	降水量	16.6	*14.6*	23.8	31.6	51.9	**93.7**	85.0	72.9	42.7	41.0	25.1	17.2	516.1
亜寒帯(冷帯)冬季少雨気候(Dw)														
イルクーツク (469) 52°16′N 104°19′E	気温	*-17.7*	-14.4	-6.4	2.4	10.1	15.4	**18.3**	15.9	9.1	1.8	-7.9	-15.3	0.9
	降水量	14.1	*8.1*	11.3	18.6	35.8	78.5	**109.2**	93.1	52.0	21.2	20.6	16.0	478.5
チタ (671) 52°05′N 113°29′E	気温	*-25.2*	-19.1	-8.9	1.4	9.7	16.4	**18.7**	16.0	8.7	-0.3	-12.6	-21.9	-1.4
	降水量	2.9	*2.1*	2.8	12.2	26.2	64.9	**89.3**	87.8	41.8	8.8	6.1	4.9	349.8
ツンドラ気候(ET)														
ディクソン (47) 73°30′N 80°24′E	気温	-24.8	*-25.7*	-22.3	-17.4	-7.7	0.5	5.0	**5.5**	1.7	-7.5	-17.5	-22.7	-11.1
	降水量	35.7	29.0	25.5	*20.0*	21.2	32.5	33.5	40.8	**43.2**	36.4	27.8	38.0	383.6
バロー (12) 71°17′N 156°47′W	気温	-25.3	*-25.4*	-24.8	-16.6	-6.0	2.1	**5.0**	4.0	0.1	-8.2	-17.0	-22.1	-11.2
	降水量	3.4	*3.2*	3.4	3.9	5.0	8.0	24.0	**26.6**	18.8	10.9	4.9	3.8	115.9
氷雪気候(EF)														
昭和基地 (18) 69°00′S 39°35′E	気温	**-0.7**	-2.9	-6.5	-10.1	-13.5	-15.2	-17.3	*-19.4*	-18.1	-13.5	-6.8	-1.6	-10.4
	降水量	—	—	—	—	—	—	—	—	—	—	—	—	—
高山気候(H)														
ラパス (4058) 16°31′S 68°11′W	気温	9.0	8.7	8.9	8.5	7.9	6.8	*6.4*	7.7	8.5	9.7	**10.4**	9.7	8.5
	降水量	242.2	105.3	94.1	44.4	15.0	12.3	*11.2*	26.1	36.8	44.2	58.5	126.5	816.5

注）この表の気候区分は，各都市の気温，降水量をケッペンの気候区分のもととなっている計算式にあてはめて求めている。ただし，ケッペンの気候区分では高山気候を区分せず，ラパスはケッペンの気候区分では温暖冬季少雨気候（Cw）に区分されている。

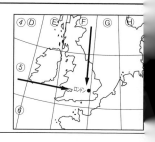

さくいんの引き方

おもな地名のさくいん

例　ロンドン………… **35**① F5S

（五十音順に配列）　（ページ）
図番号
①の場合は省略

経線間のアル（ファベット文字）　緯線間の（数字）

F・5のワク内の南側を意味する。北側＝N　南側＝S　中央部付近の場合はつけていない

※記号で地点を表した都市や山などの地名のさくいんは、その記号のある場所を示している。

※山脈・高原・半島・海洋・湖沼などの自然地域名や国名などの場合のさくいんは、その地名の文字がある場所を示している。

外　国　の　部　　太字 国 名　太字 首都名　∴史跡 名勝 世界遺産

日本　の　部　　太字　都道府県名　　太字　都道府県庁所在地

本地図帳使用上の注意

1. 地名の表記
   ・原則として、日本語による表記も、欧文による表記も現地語音を取り入れている。
   ・日本語表記においては、原則としてBはバ行、スペイン語圏を除くVはヴ行の表記とした。

2. 地図の記号
   地図の記号はなるべく国土交通省国土地理院の地形図とあわせた。

3. 基本図・拡大図の出典

外国	地形	タイムズアトラス, アトラスミーラ, ほか
	人口	世界人口年鑑, ほか
	国名・首都名	外務省資料, ほか
	都市名・自然に関する名称	リッピンコット地名辞典, ウェブスター地名辞典, タイムズアトラスならびに主要国の地図帳, ほか
	山の高さ	理科年表, タイムズアトラスおよび主要国の地図帳, スミソニアン協会資料, ほか

日本	地形	国土地理院：50万分の1地方図、ほか
	山の高さ	国土地理院：日本の山岳標高一覧、2.5万分の1地形図、5万分の1地形図、20万分の1地勢図、ほか
	土地利用	国土地理院：土地利用図、ほか
	市町村名	国土行政区画総覧(国土地理協会) ※合併または編入が行われた市・町・村は、令和3年3月31日までに官報に告示され、かつ令和3年4月1日までに市・町・村制施行されるものを掲載した。
	人口	住民基本台帳 人口・世帯数表
	自然に関する名称	国土地理院：標準地名集、ほか

この地図の作成に当たっては、国土地理院長の承認を得て、同院発行の500万分の1日本とその周辺、50万分の1地方図、20万分の1地勢図及び5万分の1地形図を使用した。(承認番号 平29情使、第1599号)

[表紙デザイン] 畑中義和　　〔写真提供〕 時事通信フォト, ほか

(地図中の鉄道各線や道路等の情報について)
※災害等の被害により、一部交通機関において不通となっている区間があります。詳しい運行状況等は、各社のホームページ等でご確認ください。
※本書は2021年3月までの情報を基に編集しております。予定事項などが変更になる場合もあることをご了承ください。

新TVのそばに一冊
ワールドアトラス　世界・日本
8版

令和3年6月20日印刷
令和3年6月25日発行

定価1320円(本体1200円+税)

Printed in Japan
ISBN 978-4-8071-6481-3

著作・発行　株式会社帝国書院
代表者　佐藤　清

〒101-0051　東京都千代田区神田神保町3の29
振替口座　00180-7-67014
電話　東京(03)3262-0830(販売部)
　　　　　 3261-9038(開発部)
URL https://www.teikokushoin.co.jp/

印刷者　新村印刷　株式会社
代表者　加藤秀明
東京都品川区大崎1の15の9

印刷者　株式会社　加藤文明社
代表者　加藤文男
東京都千代田区神田三崎町2の15の6

昔の境界

1：10 000 000

0　100　200km

―――― 道の境界

------ 国の境界

―1868年（明治元年）―

東北地方は、江戸時代には陸奥（図中の陸奥、陸中、陸前、磐城、岩代の部分）と出羽（図中の羽後、羽前の部分）に二分されていた。

142°

140°

蝦夷

44°

日

本

海

道

北

陸

道

東

山

道

太

蝦夷

陸奥

陸中

羽後

陸中

羽前

陸前

岩代

磐城

能登

佐渡

越後

越中

信濃

飛騨

上野

下野

常陸

加賀

武蔵

越前

美濃

甲斐

若狭

近江

伊勢

尾張

駿河

相模

伊賀

三河

遠江

下総

山城

丹波

大和

志摩

伊豆

上総

丹後

但馬

因幡

伯耆

備中

美作

備前

播磨

摂津

河内

和泉

紀伊

安房

隠岐

石見

出雲

山陰

道

山陽

道

備後

安芸

周防

長門

豊前

筑前

壱岐

対馬

筑後

肥前

豊後

肥後

伊予

讃岐

淡路

阿波

土佐

南

海

道

日向

薩摩

大隅

西

海

道

畿

内

128°

琉球

26°

琉球

30°

128°

130°

132°

134°

136°

138°

140°

142°

34°

36°

38°

3

144°

東

山

道

34°142°

134°

38°

海

36°

32°

128°

128°

中

国

地

方

隠岐諸島

鳥取県

鳥取

島根県

松江

岡山県

岡山

広島県

広島

山口県

山口

京都府

京都

福井県

滋賀県

大津

兵庫県

神戸

大阪府

大阪

奈良県

奈良

三重県

津

和歌山県

和歌山

近

畿

地

方

香川県

高松

愛媛県

松山

徳島県

徳島

高知県

高知

四

国

地

方

対馬

長崎県

壱岐

五島列島

佐賀県

佐賀

福岡県

福岡

長崎県

長崎

熊本県

熊本

大分県

大分

宮崎県

宮崎

鹿児島県

鹿児島

九

州

地

方

大隅諸島

種子島

屋久島

薩

南

諸

島

大島
（奄美大島）

沖永良部島

東

シ

ナ

海

128°

130°

132°

134°

136°

28°

30°

32°

34°

36°

洋

太

平

洋